活在当下：停下来看看这个世界

HUOZAIDANGXIA

TINGXIALAIKANKANZHEGESHIJIE

张一弛◎编著

中国商业出版社

图书在版编目（CIP）数据

活在当下：停下来看看这个世界 / 张一弛编著 .—北京：中国商业出版社，2015.12

ISBN 978-7-5044-9218-0

Ⅰ.①活… Ⅱ.①张… Ⅲ.①人生哲学–通俗读物
Ⅳ.① B821-49

中国版本图书馆 CIP 数据核字（2015）第 305123 号

责任编辑：朱丽丽

中国商业出版社出版发行
010-63180647 www.c-cbook.com
（100053北京广安门内报国寺1号）
新华书店总店北京发行所经销
北京毅峰迅捷印刷有限公司印刷
*
635×965毫米 16开 14印张 221千字
2016年6月第1版 2016年6月第1次印刷
定价：36.80元
* * * *
（如有印装质量问题可更换）

前言

在日常生活中我们往往会秉承这样一些信条：生活越来越好；幸福是自己追求的结果……我们整天生活在这个忙忙碌碌的世界，过着朝九晚五的生活。为周末做准备，为休假做准备，为事业做准备，为退休做准备……人的一生都是不断地为明天做准备，久而久之，“为将来做准备”“把希望寄托在未来”成了我们生活的全部。但是，当我们蓦然回首却发现我们并没有获得我们之前想要的幸福和快乐。有的人忙碌了一辈子，时时刻刻为自己的未来做准备，一心一意地计划着每一步，殊不知自己忽略了“当下”，等到时间一分一秒地溜走，才追悔莫及。

相信大多数的人都有这样的经历：一不小心犯过错误；好机会又没有把握好……等到事情过后我们就会沉溺在懊恼之中，为失误而自责为失去而后悔……时间一长便消沉，颓废，不能自拔成了人生常态。这时我们在回首过去能够记得的往往都是那些痛苦的记忆，当我们放眼于当下，我们会发现总在为明天准备。我们不禁会问：我的幸福在哪里？哪里才是人生的最终归处？

从前有一个小和尚他每天早晨的任务就是要把院子里的落叶全部都打扫干净。但是每每到了秋冬交替的季节时就让他感到非常的无奈，到底怎么样才能够使自己更轻松些呢？于是，他的大师兄给他出了个主意：“明天你在打扫这些树叶之前就将每一棵树的枯叶先摇下来，这样你以后打扫起来不就方便多了吗？”小和尚觉得大师兄说的这个主意非常有道理。于是第二天早上便照做了，他使劲地摇动着每一棵树，在天还没有亮之前就将这些落叶打扫完了。小和尚想明天就不用再去扫那些落叶了，所以一整天都非常开心。第二天，小和尚到院子里一看，院子里如往日一样满地落叶，不禁傻眼了。这时，老和尚走了过来，拍了拍小和尚的头对他说："傻孩子，不管你怎样摇晃树木，明天的落叶还是会飘下来的。”这时小和尚才恍然大悟，世上有很多事是无法提前的，就像这叶子一样，只有到了该飘落下来的时候才会落下来。人也是如此，唯有认真地活在当下，才是最真实的人生态度。

人生就像一张有去无回的单程车票，没有彩排，每一场都是现场直播，每一天都是人生的站点。其实，生命的意义是嗅嗅身旁每一朵绮丽的花，享受一路走来的点点滴滴，想办法让自己过得更加舒适，而这所有的一切只能从当下去寻找。如果明天有悲欢，你今天是无法解决的。不要将自己的时间和精力都浪费在未知的未来，对眼前的一切视若无睹的人，将永远也不会得到自我价值的实现。

俗话说：昨日就像东流水，到海至此不复回。昨日的事情已经过去，未来的事情预料不到，只有好好把握今天。把握今天，活在当下，让自己在充实中度过每一天，人生才会更精彩。在《活在当下：停下来看看这个世界》中，让我们学会感恩生活，珍惜眼前，这就是“活在当下”的力量！它教会我们懂得生活，把握当下，珍惜当下，去收获一个丰富多彩的人生。

目 录

第一辑 人生没有彩排，请每天做好现场直播

第二辑 时刻优化内心，将人生悲苦隔在外

第三辑 凡事顺其自然，幸福的人生不抱怨

第四辑 且行且珍惜，幸福就在此时此地

第五辑 爱在点点滴滴，真爱不在轰轰烈烈

第六辑 拥抱现在的伤，未来的你会更强

第七辑 相信因果循环，明天的福报源自今天

第八辑 有种快乐叫放下，让自己的烦恼到此为止

第九辑 保持最好的自己，你的修养决定你的世界

第十辑 再忙也要歇歇，生活是慢节奏的乐章

第一辑

人生没有彩排，请每天做好现场直播

人生的每一刻都是现场直播，不会给人们任何彩排的机会。如果什么事情都可以彩排的话，人生还有什么意思呢？人生本身就是酸甜苦辣咸等多种滋味构成，时刻影响着我们的情绪、心态、方向。然而，只有这样我们的生活才有思念、快乐、幸福、痛苦，所以面对人生我们应该做好现场直播的准备。

人生是条单行道，走过就无法回头

过去的往往不会再次出现，错过的往往不会重来，失去的也往往无法重新拥有，与你擦肩而过的那些人、那些事往往不会与你再相逢，这就是残酷的人生：很多时候，走过就无法再回头，失去就不会再拥有——这让我们必须学会珍惜当下，把握好每一天，因为人生是条单行道，明天不会重复今天的事。既然人生不能掉头，不能重新开始，那么，在这条单行道上，我们就应该珍惜现在，珍惜我们的所有。让每一分、每一秒都过得十分有意义。

在这条人生的单行道上，有的时候你能在这条宽阔的路上自由行驶，有的时候却被堵得无法动弹。但不论你遭遇了什么，你都只能沿着这条道路向前行驶，无法掉头。所以，把握当下是我们唯一的选择，也是人生最好的选择。

有一位医生，他遇到一些因烦恼和忧虑而生病的人，这些病人总是因为过于烦恼以前和忧虑未来，长期闷闷不乐，这些人的健康就这样被毁坏了。

为了更彻底地医好这些人的病，这位医生给病人们开了一个简单却有效的方子："让自己的每一个刹那都是唯一。"意思是说，他让这些病人注重活在今天，努力做好今天的事，不要去担忧昨天或明天的事。

后来，很多病人很快好了起来。

其实，最好的活法就是无限珍惜此刻和今天，还有什么事情值得我们去担心呢？每天只要活到就寝的时间就够了，不知抗拒烦恼的人往往会生病。因为一个人每天都处于忧虑中，身体就像一根绳子，拉来拉去迟早会拉断。如果每天都在忧郁未来、痛苦过去，他一定不会健康地活着。

人生的每一秒都是不可重现的，有时候，我们以为人生可以重来，但是，今天已经不是昨天了。既然我们的人生不可以重来，那么，请用我们的眼睛摄下每一瞬间的精彩，用肢体感受全部的美好，别让生命留下遗憾。

活在当下，就是要求一个人在做任何事情的时候都全身心地去做，不将任何事托付给明天。当睡觉的时候，不管有什么烦心事，都能安然地入睡；当外出旅游的时候，不管明天有多忙，都要全然地娱乐；当爱上一个人的时候，要全然地去爱，不计较他的过去。活在当下，就是不遗留昨天的烦恼，也不会为明天担忧，全然地享受今天，活在今天。昨天已过，明天尚未到来，想那么多干嘛，活在当下才是最真实的，否则，此刻即将消失的时光，只会从此失去。虽然思嘉丽是小说里的人物，但是，她对待生活的理念和思想却是和我们的现实生活相通的。

王德全是一个做事喜欢拖拉的人，但是，一场家庭的变故改变了他。

王德全小时候跟爷爷相依为命，不幸的是，在他读大学的时候，爷爷过世了。

爷爷生前最疼爱他，王德全无法排除自己的忧伤，每天茶不思饭不想，也没有心思学习，整天沉浸在痛苦之中。同学们都说他是个重感情的人，但同学和老师也都在为他担心，因为一两天的伤悲是正常的，一两周的伤悲也可以理解，但一个月都过去了，他还时时哭泣，不肯好好吃饭和学习，他的行为严重影响了他的正常生活。

他的辅导员很着急，看到此情形，决定要和王德全聊聊。

“你为什么这么伤心呢？”老师问他。

“我伤心的是，在爷爷活着的时候，我没有好好孝顺他……爷爷永远都不会回来了。”他回答。

“那你伤心有用吗？”老师说，“所有时间里的事物，过去了就永远不会回来了。就像你的昨天过去了，它就永远变成昨天，以后你无法再回到昨天弥补什么了。今天的太阳即将落下去，如果你错过了今天的太阳，就再也找不回原来的了。”

从此，老师“如果你错过了今天的太阳，就再也找不回原来的了”这句话深深地印在了王德全的心里，逐渐改掉了为昨天忧伤的恶习。

每一天的太阳都是新的，每一个刹那都是唯一的，所以我们需要格外珍惜人生的每一时刻。不让明天的自己为今天而遗憾。人生是单行道，过去了就永远无法回头，所以，我们要把握当下的每一寸光阴。珍惜人生的每一天、每一刻，把我们人生的每一秒都过成永恒的辉煌！

现在不想做，以后更不想做

心理学研究发现，有些事情现在不想做，以后就更不想做。然而，我们身边经常有这样的人，把一件任务派给他，并且要求他立即就做的时候，他有可能会找很多借口，比如，“我会尽快去做的”“最近我很忙”“先放着吧，我现在不想做”“我现在不想做这个，先做别的吧，最后再做这个”“过几天再说吧，现在我手头有事”。心理学研究发现，很多事情，如果你现在不想做，以后就更不想做。所以，我们不能期望一开始就没有想好好做的事情，最后能有一个好的结果，所寻找的那些理由，只能在内心不断强化，让人越来越不想做。由此可见，倒不如一开始就把接到手的任务做好，带着兴致，直到把任务做完。

一个珍惜当下的人，在工作的过程中，不会找任何借口。如果他能力平平，就会以勤补拙，圆满地完成任务；如果他技能不如人，就会想方设法提高自己的技能，最大限度地发挥自身的技能，把工作做好；如果他在时间上比较紧张，为了更合理地利用时间，他不会说太多，而是以最快的速度开始，尽量在最短的时间内完成要做的事情，有时候甚至会占用自己宝贵的个人时间。

那些珍惜当下的人，从来都不会有现在不想做的想法，也不会把事情放到最后去做，更不会找出各种理由为自己不想做开脱，总是能够利用当下的时间，出色地完成交付给自己的任务，即使自己真的很忙，也会想办法挤出时间，尽快完成任务。

王小平和刘文松都是很有创意的年轻人，他们同时进了一家广告公司，做广告设计工作。然而一年后，两人却受到了不同待遇。刘文松因为工作出色得到了高度的表扬和奖励，而王小平却因为工作业绩一般还是老样子。

其实，刚进公司的时候，王小平给大家的印象更好一些。王小平活泼好动，头脑灵活，经常有新点子。相比之下，刘文松更老实一些，喜欢跟人说说笑笑，但为什么最后却是刘文松得到了表扬呢？

原来，这一年以来，两人都想把自己最好的创意贡献给公司，也都很努力地去表现。两人唯一的区别是，刘文松萌生了一个好想法，就会立即行动起来，即使实现这一想法的条件不具备，他也不会找理由，而是想办法克服困难去做，直到交出一个满意的方案。

而王小平呢，尽管经常会有很多新点子，但总是停留在构思阶段，每当别人催促的时候，就会说：“条件不成熟，我以后一定把它做出来。”他的好想法虽然不少，却没有一个付诸实践，并且还用种种借口抹杀了一个又一个好想法。

王小平和刘文松很有代表性，有的人就像王小平一样，把时间耽误在了起点上。这样的人总是以“现在不想做”“过段时间一定会做”等理由向后拖延时间。实践证明，如果现在不想做，以后就有越来越不想做的心理。很多事情最后没有结果，原因可能就是在起点上已经耽误过多的时间，滋生了以后不愿意去做或者不做的惰性。

不管想法多么独特，计划多么周密，如果没有当下，也只能是空谈。事情能否做好，需要多方面的配合，但是强有力的执行力是不可或缺的。工作能否做好，想法能否落实，要看当下的执行力。别给自己懒惰的机会，因为很多事情，你现在不想做，以后就更不想做。还不如现在就行动起来，带着满腔热情把该做的事情做好。

活在当下，重要的是珍惜当下，尽自己的所能，早日做完应该做的事情，一旦制定了计划就要努力往前赶，而不是一再往后托。这样才能够珍惜当下，并能够享受当下的轻松。

一生不到一万天，且行且珍惜

富兰克林曾经说过一句名言："你热爱生命吗？那么，别浪费时间，因为时间是组成生命的材料。"人生是短暂的，每一天都会显得尤为珍贵，因为按天计算的话，很多人的生命都不会超过一万天。我们不妨做一个关于生命时间的计算：

假设一个人能活80岁，看看在这80年的时间里，他能干些什么。

每天用8个小时睡觉，这样，他的一生将有233600个小时用在睡觉上，合26年7个月，那么这个人还剩下53年零5个月的时间做其他的事情。

假定他每天用去30分钟去吃早饭、午饭，晚饭用1个小时，这样，每天吃饭的时间就用去两个小时，80年将在吃饭上用掉58400个小时，相当于6年零7个月，那么这个人还剩下不到47年的时间。

假设每天用一个小时忙个人卫生，80年又将用掉3年零4个月，这样还剩下43年零6个月的时间。再减去每天用于休闲、娱乐的时间3个小时，80 年将耗掉 87600 个小时，也就是整整 10 年的时间。

再假设每天用在上班途中、购物上的时间为 3 个小时，这会消耗 10 年的时间，这样，还剩下 23 年半的时间了。再减去每年用在旅游、度假、生病等事情上的时间为 15 天，那么 80 年就是 3 年零 3 个月。

这样，一个寿命是 80 岁的人，大约只有 18 年零 1 个月的时间用来投身自己喜欢的事业。

所以，留给一个人一生做事业的时间并不是很多，一寸光阴一寸金，寸金难买寸光阴。我们是否该把握住时机，珍惜当下呢？你可能比以往任何人都更忙碌，工作也更辛苦。但一定不要忘了做好时间的主人，好好地活在当下！高尔基曾说过：“人从他出生的那天起，就一天天接近死亡。”人的一生是有限的，时间总是在不断减少和失去，你无法创造，也无法花钱去买。所以，在现实生活中你要学会珍惜生命中的每一分钟。

不少实力雄厚、目光远大、刻苦耐劳的事业家，都是办事迅速，沉默寡言的人。他们说出来的话，句句都是确切而有所目的的，他们从不多耗费一点一滴的宝贵时间。

在富兰克林报社前面的商店里，一位犹豫了将近 1 个小时的男人终于开口问店员：“这本书多少钱？”

“1 美元。”店员回答。

“1 美元？”这人又问，“你能不能便宜点？”

“它的价格就是 1 美元。”除此以外，没有别的回答。

这个人又看了一会儿，然后问：“富兰克林先生在吗？”

“在，”店员回答，“他在印刷室忙着呢。”

“那好，我要见见他。”这个人坚持一定要见富兰克林。于是，富兰克林就被找了出来。这个人问：“富兰克林先生，这本书你能出的最低价格是多少？”

“1.25 美元。”富兰克林不假思索地回答。

“1.25 美元？你的店员刚才还说 1 美元一本呢！”买书人不解地问道。

“这没错，”富兰克林说，“但是，我情愿倒贴给你 1 美元也不愿意离开我的工作。”

这位顾客惊异了。他心想，算了，结束这场自己引起的争论吧，他说：“好，这样，你说这本书最少要卖多少钱吧。”

“1.50 美元。”

“又变成 1.50 美元了？你刚才不是还说 1.25 美元吗？”

“对！”富兰克林冷冷地说，“我现在能出的价钱就是 1.50 美元。”

那人默默地把钱放到柜台上，拿起书便出去了。

生命都是有限的，因而时间十分珍贵。对于每个人来说，时间就是金钱，时间就是成功的砝码，因此，浪费别人的时间就等于谋财害命。你的生活包含很多的内容，你将它控制得越有条不紊，你收纳的东西就越多，获得的财富也就越多。所以，千万不能浪费时间，要尽量减少拖拉的时间，做一些有意义的事情，这样，才会充分利用当下，取得自己想要的成功。

未来不是理由，我们活的是现在

我们在微信上经常看到这样一句励志的话：昨天是一张过期的车票，明天是一张遥遥无期的支票，而今天是一张等待你来书写的白纸。这句话告诉了我们一个浅显的道理，大多数人都能明白，但大多数人偏又做不好，那就是：现在才是最重要的，珍惜现在才能享受快乐！

人一般到了中年都会有一定的积蓄，吃喝不愁。但是实际上多数的人都会认为现在还不是享乐的时候，要等有一天成功了挣了很多的钱，有了很高的地位之后，再去尽情地享受快乐与幸福。其实错了，有钱并不等于能够享受一切，或许现在的你没有太多的金钱，收入也是非常有限的，但是如果你合理地运用，它同样可以带给你享受。有些人对于把钱花在那些有益的并能为家庭和自己的生活增加乐趣的事情上，总是犹犹豫豫，有些不舍得，他们只想着攒钱以防不测，这样往往只会浪费许多宝贵的大好时光。

北京的王博士夫妇从结婚开始就为了以后的生活操心，当同龄人正在享受孩子带给他们的欢乐时，王博士却觉得现在还不是要孩子的时候，因为他们觉得应该给孩子一个良好的生长环境，如果让孩子出生在一个经济条件较差的家庭中，是对孩子的不负责任。于是他拼命地挣钱，终于买了车、房，但不幸的是由于妻子长期劳累累出了一身的病，已经无法生育。从此忧郁和愁闷就长久地笼罩着他们的心。

四川农村的王二狗夫妻和他们同一年结婚，没有积蓄，居住在破旧的小房子里，但他们生活得很惬意，特别是有了孩子之后，虽然经济依然拮据，但是他们每逢节假日都要带着孩子出去旅游，让孩子体会一下生活的舒适，家庭的幸福不在话下。

这个故事中，同样的一种平凡生活，却被两个家庭活出了两种不同的滋味。前者总是想着明天，想着未来，将自己的生活弄得一团糟。而后者却明白自己活的是今天，活的是现在，因此平凡的生活也被他们过得很精彩。

很多人都是为了明天而活着，为了身外之物而活着，我们不能说追求完美生活是错的，但要知道人的欲望是无止境的，生活总是无法达到他们所要求的完美：没有房子，想房子；有了房子，还想要大房子；有了大房子，还想要别墅；没有私家车，想要私家车；有了夏利，发现桑塔纳更好；有了桑塔纳，又向往宝马……这些人总活在虚妄的明天，以至于总是两手空空。

柏拉图是苏格拉底最好的学生，很有上进心。

有一天，柏拉图问苏格拉底："我什么时候能取得人生最大的成功？"

苏格拉底没有回答，而是对他说："跟我来！"

苏格拉底将他带到一个一望无际的麦田边上，让他从麦田中间的小路一头走到另一头，中间不允许回头，在途中要摘一个最大最好的麦穗拿回来。

柏拉图觉得这是一件很容易的事，就充满信心地出去了，但在回来时却两手空空。

苏格拉底问他原因，他说："很多麦穗看上去都很大，可是因为只可以摘一个，所以总觉得前边可能还有更大的，可是我却发现，之后的总没有以前的大，最终我一个麦穗也没有摘到……"

苏格拉底笑着告诉柏拉图："所谓的成功就是如此，不要把希望总是寄托在以后，要着眼于现在。"

人生亦是如此，与其将希望寄托于明天，还不如专心地过好今天，活出生命的真谛。当晚上安然入眠时，那就是给今天最好的掌声和礼赞。如果连现在都不能够很好地拥有的话，那么又谈何未来呢？人的生命有时真的是非常脆弱，经不起一点点的意外，前一秒还在享受着荣华富贵，下一秒就可能发生意外，一切皆空了。所以，应该珍惜现在，珍惜眼前所有的，过好每一天。

忽视现在对我们来说似乎是生活中的通病，为了将来，我们往往都会不断地努力牺牲现在，习惯于用这样的态度去对待生活。这样，只会让幸福永远地从我们身边溜走。

不被未来羁绊，做好每天最重要的事

很多人慨叹一生如白驹过隙，在睁眼与闭眼之间就走到了尽头。垂垂暮年的老者无力再去改变自己的生活，在苍老的身躯里，那颗心即使依然会时而异常跳动，但这冲动就像汹涌的大浪一样，来得凶猛，消失得迅速。一生的时间有多长，有人说是一辈子，也有人说只是一天。

一位作家到阿拉斯加拜访因纽特人，在阿拉斯加他遇到了一件奇怪的事：爱斯基摩人不知道自己多大了。因纽特人只会说："我不知道自己多大，我也不在乎自己究竟有多大。"要是让因纽特人给一个确定的年龄数，他们会说："我还不到一天大！"

原来，因纽特人相信，到了晚上入睡的时候，他们就死了。但在第二天的清晨醒来时，他们又重新活了过来，获得新生。因此，在因纽特人眼里，没有人能活过"一天"！正因为如此，作家发现，每一个因纽特人的面容都不带忧愁和焦虑，他们快快乐乐地过着自己的每一天。

"我还不到一天大！"这并不是因纽特人的一句玩笑话，仔细地回味这种"不到一天大"的心态与理念，你的心中一定会增添一份深刻的崇敬，甚至还感受到了一种莫大的震撼。把每一天都当作一辈子来过，才会让我们万分珍惜宝贵的一天的每一分每一秒的时光。把每一天都当作一辈子来过，那么，谁还会舍得随意浪费时间呢？

人生的时间、精力极其有限，想让有限的时间、精力造就人生最大的成功，就必须要选对成功价值最大的事情去做。也就是说，我们每天都要有清晰的目标可以追求。

目标不在远，不在多，而在于清晰有力，能给人以强烈的指引。目标对于成功者，犹如空气对于生命，不可缺少。没有目标就没有成功，没有空气就不能生存。设定明确的目标，是所有成就的出发点。98%的人之所以失败，就在于他们从来没有设定明确的目标，并且也从来没有踏出第一步。有了明确的目标，并针对这一目标付诸行动，成功的希望便会青睐于你。

1871 年的春天，英国某医学院的学生威廉斯勒不明白应该怎样处理远大的理想和具体的身边小事，一个人应该有怎样的做事态度才能成功。他老师的一句话让他眼前一亮："最重要的事情首先就是要做手边最具体的事情，不要去看远方未知模糊的事情。"顿时，他恍然大悟：是啊，无论我有多么大的梦想，都需要一步一个脚印地去实现；不论多么浩大的工程，都需要一砖一瓦垒起来。

从那天开始威廉斯勒就认真学习，过了两年之后，威廉斯勒以全校最优异的成绩毕业。毕业之后他来到一家医院工作。作为医生的他尽职尽责。兢兢业业的态度和精益求精的精神，使他很快成了当地的名医。几年过后他创办了约翰·霍普金斯学院。他把自己的人生态度贯彻到每一个细节里。许多专家学者慕名来到他的学院工作，使他的学院很快成为英国乃至世界最知名的医学院。威廉斯勒总是告诉他身边的人：最重要的是把你手边的事情做好，这就足够了。

每天都能做好手边的事，有几个人能够做到？在现实生活中，有些人并不是好高骛远，在生活的重压下，眼前的一点点收获和利益不足以满足他们那颗强烈追求的心。于是，他们的眼光变得很长远。不知不觉，高不成低不就成了他们的习惯，在对生活的憧憬中，偶然有一天他们低头发现，原来自己每一天都荒废了，在小小的圈子里踏步，远走的是心，而不是自己的脚步。给自己一个清晰而合理的目标，在较短的时间内、正常的努力幅度下，它是能高高地踮脚就能够到的，这样的目标才会对你的人生有推进的作用。而那些看似远大，只能当作谈资而最终束之高阁的理想，对它们的过分追求，最终只是一种妄想。

哲人说，生活中的坎坷多是由自己、由心造就的。你之所以迷茫，甚至跌倒，多是因为你没有看清自己。清楚地认清自己的实力，选择一条适合自己走的路。每天积累一点点，成功就会更快降临。但你要知道，成功的尺度不是做了多少工作，而是做出了怎样的成果。确立了目标并坚定地“咬住”目标的人，才是最有力量的人。目标始终如一的人，能抛除一切杂念，聚积所有力量，全力以赴向目标挺进。把你需要做的事想象成一大排抽屉中的一个小抽屉，你的工作只是每天拉开一个抽屉，令人满意地完成抽屉内的工作，然后将抽屉推回去。不要总想着所有的抽屉，而要将精力集中于你已经打开的那个抽屉。一旦你把一个抽屉推回去了，就不要再去想它。

用心把一天中最重要的那件事做好，执着地追求，你就会发现，你所有的行动都会带领你朝着这个目标迈进、在激烈的竞争中，如果你能做好一天中最重要、最清楚的事情，成功的机会将大大增加。

珍惜当下，做守时、惜时的人

珍惜当下，就要做守时、惜时的人。无数事实证明：要想改变自己的命运，必须先掌握好自己的时间，充分发挥和利用自己的每一分钟，让每一分钟都实现价值的最大化。

“时间就像海绵里的水，只要愿挤，总是有的”，可惜在大多数情况下，珍惜时间只是一种美好的愿望，大量的宝贵时间不知不觉中从我们身边流失了。

现代生活的快节奏，呼唤着人有时间意识。守时，是现代人所必备的素质之一。守时就是遵守承诺，按时到达要去的地方，没有例外，没有借口。即便因为特殊原因不得不失约，也应该提前打电话通知对方，向对方表示你的歉意。这不是一件小事，它代表了一个人的素质和做人的态度。如果你对别人的时间不表示尊重，你就不能期望别人会尊重你的时间。一旦你不守时，你就会失去当下的一切，更不能把握未来。

观察发现，能安于当下的都是些守时的人，这些人会将自己的时间进行精确到分钟的安排，不会因为自己时间观念不强而影响别人，更不会随便浪费自己的时间，他们的人生因此获得了巨大的成功。

李嘉诚在未成年的时候就因家境贫寒而辍学，为了养家，他谢绝了舅父继续供他上学的好意，到一家茶楼当茶童。

为了保住自己的这份工作，李嘉诚比别人更勤奋，每天最早一个赶到茶楼，每天工作长达 15 个多小时。后来，李嘉诚为了不耽误开会，不失约于人，雷打不动地将自己的手表调快 10 分钟，以保证准时去做自己的事。

对李嘉诚的一生来说，时间是十分宝贵的东西，一笔 2.9 亿港元的交易他曾在 17 小时内就谈妥了，两分钟内致电汇丰银行就安排了一笔 1.9 亿港元的贷款。为了珍惜时间，他处事果断、老练，决不拖泥带水。他经常对下属说，早上的事情，下午必须有决定或答复；在一小时内要答复的事，绝对不会在一小时后答复。李嘉诚之所以成为华人首富，就是珍惜时间、珍惜当下的结果。

珍惜当下的人，可以通过充分利用每一分钟的空闲时间，从根本上改变自己的命运。遗憾的是，在现实生活中，不守时是经常发生的事情，小时候上学迟到，大了上班迟到。无论是上学迟到了，还是上班迟到了，当人们问到原因的时候，就会搜肠刮肚寻找借口：时间还多，迟到一次没有什么大不了，以后我一定早来……

如果只是偶尔一次不守时，那么情有可原。但是仔细观察就会发现，在有些人身上，不守时的事是经常发生的。在快节奏时代，不守时既浪费了自己的时间，也耽误了别人的时间。

其实，时间也是成本，做一个守时的人，才会真正地活在当下。常常迟到、早退或是事先毫无告知便突然请假，既会让事情变得杂乱无章，更无法得到领导的信任。每个人都希望别人讲信用、守时间，在你希望别人这样的同时，请你自己先做到。戴尔·卡耐基说过这样一句话：如果你想结交朋友和有影响力的人就要准时。

我们不但要做一个不找借口守时的人，而且要懂得时间的可贵，做一个珍惜时间的人。

许多人日复一日花费大量的时间去做一些毫无意义的事情。比如，没日没夜地看“肥皂剧”，通宵达旦地玩游戏。要想做出点成绩，千万不要成为他们中的一分子，你生命中的每一时都值得珍惜。

一个人真正拥有的，其实只有时间，然而很多人却把宝贵的时间白白浪费掉。大多数人浪费80%的时间在那些只能创造出20%成功机会的事身上；雇主花费太多时间在那些最容易出问题的80%的人身上；经纪人花费太多时间在不按时参加演出工作的演员或模特儿身上。如果不想浪费时间，就必须去除无效时间的运用。

工作中总是会有一些手忙脚乱的人，他们看上去十分忙碌，总是步履匆匆，桌上的文件堆积如山，总是有工作完不成。你要是问他们为什么工作没完成，他们会有一大堆的借口摆出来。这些人就像是被时间牵着走一样，十分被动。其实他们并不是忙得没有时间，而是没有很好地规划时间。

心理学家认为，要想好好利用当下，就要提高控制时间的能力，掌握好的工作方法。珍惜当下的人就要培养自己强烈的时间观念。当你意识到时间对你来说很重要时，你才能不会任由时间牵着鼻子走，把握住当下。

法国著名科普作家凡尔纳是一个珍惜时间的人，他从来不会被时间牵着鼻子。每天早上，他5点钟起床，一直伏案写到晚上8点。在这15个小时中，他只在吃饭的时候休息片刻。当妻子来送饭菜的时候，他会迅速拿起刀叉，很快填饱肚子，擦擦嘴，又拿起笔继续写作。他的妻子关切地问他："你的成绩已经有目共睹了，为什么还这么拼命？"

凡尔纳笑着说："因为我时刻记着莎士比亚的名言：放弃时间的人，时间也放弃他。你说我在有限的时间里，能不抓紧时间吗？"凡尔纳在多年的写作生涯中，记了上万册笔记，写了104部科幻小说。一些好奇的人悄悄询问凡尔纳的妻子，想打听凡尔纳取得显著成绩的秘诀，凡尔纳的妻子说："秘诀只有一个，就是凡尔纳从不放弃时间。"

一个人的一生其实只有3天：昨天、今天和明天。昨天已经一去不复返。今天已经和你在一起，但很快也会悄无声息地过去。明天就要到来，但是终将逝去。人在时间中成长，时刻与时间赛跑。唯有时间，才能让智力、想象力及知识转化为成果。若没有时间，一切都是空谈。那些不能认识自己的时间，计划自己的时间，管理自己的时间的人，只能注定是失败者。所以，珍惜当下，就要学会珍惜人生的每一分钟。

寒冬易暑，花开花落，时间的脚步是无声的也是急促的，它不会为动作慢的人放慢脚步，也不会给无端延误时间的人以任何宽恕，更不会给无度挥霍时间的人以任何谅解。在你浪费时间的时候，当下就悄悄溜走了。

不空等未来，最大限度地利用当下

不少人习惯于在上下班时呆视车外流动的景色、放飞思想做白日梦，或是漫无目的地随便翻阅报章杂志、收听电台广播……其实，这些做法都是对时间缺乏计划的一种表现。倘若这些举动都是出自惯性的，那么这一段时间里，你的收获将极为细微。但如果你能最大限度地利用当下，那么你的收获可能会变得更大些。

著名的麦肯锡公司曾做过一个调查，清晰地向世人展示了人们空闲时间的秘密。这份抽样调查表明：美国城市居民每周平均每天的工作时间为 5 小时 1 分钟；个人生活必需时间为 10 小时 42 分钟；家务劳动时间为 2 小时 21 分钟；闲暇时间为 6 小时 6 分钟。4 类活动时间分别占总时间的 21%、44%、10%、25%。每一天，人们就是这样度过的。10 年来，人们的闲暇时间增加了 69 分钟，闲暇时间占到一个人生命的 1/3。中国人在电视机前每天是 3 小时 38 分钟，打发掉自己一半的闲暇时光，而日本、美国人每天看电视的时间则分别为 1 小时 37 分钟和 2 小时 14 分钟。

这个调查还显示，本科以上高学历者的终生工作时间是低学历者的 3 倍，平均日学习时间为 50 分钟，收入是低学历者收入的 6 倍以上。由此可见，学历越高，越重视时间的利用，越能赚取财富。

许多人都认为，人与人之间之所以有穷有富，完全是因为环境、机遇、能力及性格等方面的差异造成的。然而，正如著名的物理学家爱因斯坦所说，“人的差异在于利用空闲时间”。

古今中外，凡在事业上有所成就的人，都有一个成功的诀窍：最大限度地利用当下，他们中没有一个人喜爱清闲，贪图安逸。

澳大利亚著名生物学家亚蒂斯，用他智慧的头脑和宝贵的时间，为人类成功地发现了第三种血细胞而且赋予了业余的空闲时间以生命的神奇。他十分珍惜自己有限的时间，因此他为自己定下了一个制度，睡觉之前必须读 15 分钟的书。不管忙碌到多晚，哪怕是清晨两三点钟，他进入卧室以后也一定要读 15 分钟的书才肯入睡。这个制度他整整坚持了半个世纪之久，共读了 8235 万字、1098 本书，生物学家最终变成了文学研究家。

通过充分利用每一分钟的空闲时间，我们每个人都可以从根本上改变自己的命运。虽然每个人因为职业的不同、习惯的不同，业余的空闲时间的多少也就不同，但主要的空闲时间大同小异。

享有盛名的“奥林匹克科学院”，经常利用晚上休息的时间举行聚会。与会者总是手捧茶杯，边饮茶，边议论。后来相继问世的许多科学创见，有不少就产生于饮茶之余。

高效率的玛尔扎特通常在他的电话机旁边放一叠阅读资料，这样每次在等对方接电话时他就可以随便翻阅。一位必须在机场花很多时间的业务员说：“每次在下飞机去领行李的路上，我就停下来给我的客户打电话，等我结束通话时，行李也已经出来了。只要你用心，任何时间都不会被浪费掉的。”

霍桑一生从事着非常枯燥单调的工作，他在马萨诸塞州萨勒姆市海关部门工作了许多年，利用自己的空闲时间写出了四部小说，其中包括后来成为经典的《红字》。

实际上，在我们的生活和工作中，有不少时间是用来等待的。每个人因为等待而浪费的时间，是可以用数以万计来说明的。

事实证明，信息化的社会里，市场竞争无孔不入，时间就是金钱，知识就是生命。为了获得更大的成功，人们势必要求不断地压缩、挤占业余的空闲时间。少年得志的搜狐总裁张朝阳说：“我只是一个平凡人，我没有发现自己与别人有什么大的不同。如果说有不同，那就是我每天平均用 7 个小时睡觉外，其他时间都在工作。”我们可以毫不含糊地说，别人能够做到的，我们经过努力也会做到。因此，从今天起，从现在起，好好利用当下的时间吧！相信只要我们做到了，我们同样可以达到成功。

把握好现在，集中精力做好眼前的事

经常听到有人抱怨，抱怨找不到合适的工作，抱怨自己的才华无法施展，抱怨不被领导重视，抱怨得不到发展机会，等等。这时候，我们应该自问一句："我做好眼前的事了吗？"如果没有，那就立刻冷静思考，尝试着改变自己吧。

一个成功的商人取得了很大成就。于是，有记者问他："是什么让你取得了今天的成就？"他回答："不要去攀比，要有自己的长远目标，把眼前的事情做好最重要。只有用自己的学识，把眼前一件件具体的事情做好，才能聚沙成塔、集腋成裘，成就更大的功业。"

我们要始终懂得一点，任何大事、实事都是从眼前事开始的。做大事难，做眼前事也难，把眼前事做好更难。正是有了踏踏实实做眼前事的品质，当人们纷纷转向更好的职位、更赚钱的职业时，你才能在自己的领域内专心修炼内功，从而在某个时刻一鸣惊人，成为该领域内的专家。

张上杰是一个从事推销业务的新人，每天忙忙碌碌，很辛苦。这还不算什么，他最担心的是业绩不佳，那会有被辞退的危险。

有一次，他和一位心理咨询师探讨如何寻找工作的意义，怎样实现苦中作乐。咨询师没有直接回答，而是反问道："人生有生存、生活、生命三个层次，你觉得自己活在哪个层次比较多？"

他想了想，有点忧郁地说："在家里，我就是吃饭、睡觉、看电视，好像多半处于‘生存’的层次；和同事能多聊一会儿，应该‘生活’层次多一点；‘生命’层次是什么？我不太懂。”

咨询师又问：“当孩子从外面回家，通常你会怎么做？”张上杰淡淡地说：“我会说：‘回来了。’或者看他一眼，然后继续看电视，做自己的事情。”听到这里，咨询师给出了答案：“你现在已经没有心情顾及亲情、生活乐趣这些东西了，养家糊口成了你生活的全部内容。虽然跟家人在一起，却不能分享时光的快乐，少了生活的情趣，对生命的领悟也没有，却为明天如何做好推销发愁，这就是你感觉不到快乐的原因。”

“噢！”他恍然大悟，“明白了，我只停留在‘生存’层次的‘赚钱’目的上，并且总是为明天担忧，结果不能专心做好眼前的事，所以感觉很累。”

咨询师点点头说：“是啊，你顾虑太多，患得患失，所以与客户交往时，不能全身心投入，交谈起来就会感觉很困难，压力也就自然产生了！还有，回到家里，本来可以彻底放松一下，但是你也为明天的工作担忧，反而忽略了与家人分享生活快乐的时间，因此感觉越来越累。”

后来，张上杰上班的时候专心做事，每天都让自己进步一点点，压力反而小了；下班后，节假日，他和家人在一起用餐、谈心，感受到的是人生的乐趣。

任何时候，专注赢得胜利，集中于眼前的事情，把简单的事情做到位就是不简单。着眼于当下，我们应注意做好以下两点：

第一，做好眼前事，首先不能有攀比的心态。在青少年中间，攀比的现象并不鲜见。诸如，没出国的跟出了国的比，薪水低的跟薪水高的比。结果，越比越不平衡，越比越不服气，进而把自己的目标定得高了又高，直到超出了自己的实际能力，最后无心做好眼前的事情。

第二，把眼前的所有事都作为大事。有些人不屑于做眼前事，总以为眼前事是小事，是琐碎的事，是无所谓的事。总感觉自己应该是干大事的人，自己该成就一番大事业。实际上，任何一番大事业都是由小事组成的，没有小事的积累便不会有大事的成功。只有默默无闻地积累，才能达到厚积薄发的目的。

眼前的事就是最重要的事情，就是立即应该做的事情。活在当下，要求我们在遇到各种繁杂的事务时，不推卸自己要完成的事，立足当下，做好眼前的事。

第二辑 时刻优化内心，将人生悲苦隔在外

在心灵与外界事物的交界处也有一扇窗，那是获取幸福的通道。当心灵被欲望和杂念塞得太满的时候，偶尔打开心灵的窗，为心灵寻找一个出口，让心灵透透气，这就是这扇窗最大的妙用。

满足自己的生活，不攀比就不伤心

有这样一句话："不看我所没有的，只看我所有的。"无论什么时候，不管你是卑微的小人物的还是伟大的时代宠儿，都不要试图去和别人比高低或是争上下。要知道，"人比人，气死人"。

很多时候，我们总是拿自己的某一方面与别人强的方面作对比，使自己产生强烈的挫折感，进而出现焦虑，觉得不快乐。看着别人有钱，嫉妒；看着别人有权，诅咒；看着别人有闲，羡慕；看着别人晋升，委屈……正所谓"越攀比，越有气；越比较，越伤心"。

星期一早晨，黄武生向总经理提出辞职。鉴于黄武生才华出众、业绩一直在公司名列前茅，总经理对他多方挽留，不但主动给他增加薪水，而且还承诺在短期内会给他升职。原本想跳槽的黄武生最终打消了念头，决定留下来继续在公司上班。

这个消息很快传到了人事经理张小七的耳朵里。张小七想：我也是个不可或缺的部门经理，不如向黄武生学习，总经理肯定也会给我升职加薪，以作挽留。

经过准备，张小七走进了总经理办公室，表示自己也想辞职。

不料总经理非常爽快地答应了，毫不犹豫地对他说："那好吧！既然你去意已决，我也不好强人所难。祝您另谋高就，前程似锦！噢，对了，请你尽快补交一份辞呈给我。"

原来，张小七一向表现不佳，业绩平平，鉴于他老实、听话，总经理虽然对他早有意见，但是一时间还真找不到适当的机会。这次他主动送上门来，总经理正好顺水推舟。

故事中的张小七弄巧成拙，不但没有像黄武生那样得到升职加薪的优厚待遇，反而连原有职位也丢掉了。由于他的盲目攀比才落得如此下场。与别人攀来比去，最后除了虚荣或背负起失望之外，还能得到什么？有没有意义？是徒增烦恼还是有所收获？最后思考的结果即毫无意义。你明白了攀比毫无意义，自然就会停止这种无聊的行为。生活是自己的，只要让自己快乐、舒适就好，何必让有害无益的攀比损害自己的快乐呢？

人必须充分了解自己，并给自己找到一个准确的位置。如果做不到这一点，一味地盲目攀比别人，在挫折中产生错觉，从而做出一些不可理喻的事来，最终让自己吞下苦果。

有一些人坦言，最害怕去参加同学会，因为现在的同学会简直就是“攀比会”：比事业、比地位、比房子、比车子、比银子……于是，越比越急、越比越累、越比越气。老实说这种烦恼都是自找的，放下攀比之心，就会少些怨气，生活也会轻松很多。

有一对夫妇，现在外界看来他们是十分的和睦，但不久他们就离婚了。

有人问这对夫妇：“你们为什么要分开呢？”

“瞧瞧我身边的很多人，都买了200多平米的房子，超大的客厅、宽敞的露台、独立的卫浴；还有车子……瞧瞧我家这个窝囊废，有什么呀？”妻子这样回答。

“哼哼，一天到晚就知道唠叨我，哪像人家的老婆，上得厅堂、下得厨房、温柔贤惠、精明能干，差远了……所以我要和她离婚。”丈夫这样回答。

原来，是攀比让这对夫妇离婚的。

就这样，总是羡慕别人，结果，两个人就不和睦了，越来越觉得自己的生活糟糕透顶了，最后只有分道扬镳。可以说，他们是在别人的拥有里给自己寻找痛苦。其实，我们完全可以过上另外一种生活，一种愉悦内心的、没有什么压力的、自己喜欢的生活。可是，事情并不是这样，很多人整天愁眉苦脸，总认为自己拥有的一切没有别人的好——很多时候，看别人的经历一般有两个目的：一个是从别人的经历里寻找自己的存在，一个是以别人失败的经历为借鉴让自己逃脱。于是，当在别人的拥有里找不到自己的影子，拽着别人的绳子没有从自己的拥有中跳离时，自己就开始怨天尤人或者是破罐子破摔。如此，久而久之也就把生活当作了负担，随之便会觉得生活充满了痛苦。

人要明白这样一个道理：一个人比上还有不足时，应该努力求得进步，这样才有可能成功；当比下有余时，应该满足当下，这样才会活得快乐。学会正视自己，学会自我开释，对生活中的很多事情学会不在意，这样才能去除盲目攀比、自寻烦恼的扭曲心理。

陈习强的上司是自己的老乡，比他还小一岁，老乡每年赚几个亿，看到自己简直不能和上司比，陈习强非常郁闷：都是人，同样工作那么长时间，为什么差距就那么大呢？他一度觉得自己很无能，甚至快要到自暴自弃的地步了。

直到有一天，陈习强的大学同学聚会，才让他改变了这样的想法。在同学们的眼中，陈习强是他们当中事业做得最成功的一位，不到30岁，房子、车子全都有了。与陈习强比起来，他的同学全都感叹自己还在温饱线上挣扎。

看到了同学们的情况，陈习强又重新找回了自信。当然，他不是在贬低同学，而是他已经知道了用什么样的心态面对生活。从那以后，他工作更卖力了，而面对每年赚几个亿的老乡心里也平和了。

周立波说：“幸福是看出来的，痛苦是悟出来的。我们总喜欢把别人表面的幸福和我们隐藏的痛苦做比较，结果我们的痛苦指数，在不当的对比中又创新高。我们羡慕鸟儿的翅膀能飞，鸟儿又何尝不嫉妒我们双腿如飞呢？与其用别人的幸福惩罚自己，还不如用自己的痛苦鞭策自己。

人啊！越比越糊涂，越想越明白。”的确，人与人之间其实没有那么多的可比性，面对比自己强的人没必要去比较，只要自己永不停止追求的步伐，开开心心过好每一天才是最重要的。

生活中遇到不顺，我们常常会怨天尤人，那是因为我们的眼睛放大了别人的优点，在仰视别人的同时看到了落差，这确实令人心中不悦。但我们也要看到，自己“比上不足，比下有余”，纵看上下，横看左右，心理只要寻找到了一个维持平衡的支点，就会快乐地活在当下。

持平常心，才会有幸福心

“宠辱不惊，看庭前花开花落；去留无意，望天上云卷云舒。”是《小窗幽记》中的一副对联。恰恰从这一副对联中就可以看出作者的内心是何等平静，无论外界是怎样的风起云浮，他依然可以幽然独坐，以平常心泰然处之，他心灵的那寸净土永远不会被任何声响和外物所打扰。这就是人生入世时的境界，唯有这样才能从入世中的有我之境达到出世时的无我之境。

一位年轻人有幸得见一位得道高僧，就问：“高僧，为什么你是受人敬仰的高僧，而我却是常人，你我有什么不同之处吗？”

高僧答道：“有！”

“那是什么？”年轻人问道。

高僧回答：“我想吃饭的时候就吃饭，想睡觉的时候就睡觉。”

“这算什么与众不同的地方，每个人都是这样的呀，有什么区别呢？”年轻人不屑地说。

高僧答道：“当然是不一样的了！”

"这有什么不一样的？"年轻人问道。

高僧说："很多人感觉饿了，并不能专心吃饭，思绪总会跑到九霄云外；困了，也不能安稳地入睡，看似是睡着了，但潜意识还在活动，就是我们常说的做梦。而我就不是这样，吃饭就尽情地享受人间美味，什么也不想；困了，就平静地入睡，从来不做梦。"

高僧继续说道："尘世中的人很难做到这样专心致志，原因就是他们没有一颗平常心。他们总是不停息地追求着金钱、地位、权利等等一些身外之物，为了一些利害得失，迷失了自我，更感受不到幸福的味道。只有将一颗平常心融入自然界，并遵循自然的规律，去感受生命的真谛，才能体会幸福的真正含义。"

常人之所以不能成为被众人敬仰的得道高僧，就是因为心存杂念，不能用一颗平常心来看待万事万物，他们的行为往往被功名利禄所左右，他们的情绪会因成败得失而起伏不定。

现在的人们为了追求所谓幸福的日子，不惜透支健康、支付尊严、出卖人格，到垂暮之时，就会发觉年轻时孜孜以求的东西是那么虚无与缥缈，这时就会对生命产生新的感悟，明白平常心是真谛，是福气。

如果拥有了一颗平常心，就可以将世事看穿、看透、看破，那么你就可以宠辱不惊，做到时时无碍、处处自在的境界。拥有一颗平常心就拥有了一种正确的处世原则，一分自我解脱、自我肯定的信心与勇气，不会高估自己，也不会自甘堕落。

其实，无论是比赛还是生活都如同弹琴，弦太紧会断，弦太松弹不出声音；保持平常心才是了悟之本。因为真正的幸福不是外在的繁华，而是内心的平静与安宁。

因为留恋尘世，才被尘世的喧嚣扰乱了心绪，所以佛家常说："心乱只因心在尘世，心静只因心在禅中。"一个人过什么样的生活，不是由任何物质的东西决定的，而是由他的心境决定的。

南岳和尚出参神宗的第六代祖师时，祖师问道："你从哪里来？"

南岳和尚回答说："我从嵩山来。"

祖师又问："是什么东西指引你千里迢迢来到这里？"

南岳和尚没有明白祖师的问题，就没有回答出来。

后来，南岳和尚经过长时间的真心参禅后，终于悟出祖师所指的"东西"。他回答说："说似一物即不中。"意思是：你要说它像什么，那你就会马上偏离它。

祖师听后又问道："是否还需要自我修正呢？"

南岳和尚答道："我不敢说不需要自我修正，但我可以决不会污染它。"

祖师听后心里暗自喜悦，于是就对南岳和尚说："这个不会污染的，正是我们要留心护持的。"

佛法本来平常，"决不会污染它"就是要保持一颗平常心。

保持心灵的纯净，就不会贪恋世间的物质和繁华；拥有一个平静的心态，就会视尘世间的一切妄念为生命中的烟云。

如何保持一颗平常心？如何让自己的心灵纯净？如何让自己的心真正进入禅中呢？

一个徒弟来到法堂请示师父道："师父！我心无杂念，早睡早起，打坐，念经，从不懈怠，可以说是本寺庙中最用功的一个了，为什么我还是不能开悟呢？"

师父拿出一个葫芦、一把粗盐交给徒弟，说道："你去将葫芦装满水，再把盐倒进去，它能立刻溶化，你就会明白其中的道理。"

一会儿，徒弟又来找师傅，说道："葫芦口太小了，盐块无法融化，我用筷子搅拌，又搅不动，我还是不明白其中的道理，请师父指教。"

师父接过葫芦，倒掉了里面的一些水，然后拿着葫芦摇了几下，很快盐就化了。师父语重心长地说道："心就像这装满水的葫芦一样，因为水装的太满，所以摇不动，也搅不得，盐又怎么化得开呢？"

徒弟疑惑地说："难道不用功也可以悟道吗？"

师父微笑着说："悟道之本就是拥有一颗平常心，不要过于刻意，你把悟道看得太重要了，就会偏离了悟道的本质。比如弹琴，如果琴弦太紧就容易断，而琴弦太松则弹不出声音，只有松弛把握得当，才能弹出优美的琴音。"

徒弟听后终于茅塞顿开。

其实，做人也一样，不要过于执着，试着放缓自己的脚步，让生活过得不急不缓，不紧不松，这样才可以看到身边美好的东西，才能有时间去感受到生活幸福的所在。

安贫以守道，知足即是福

在缤纷多变、物欲横流的生活中，拒绝各种诱惑，心境变得恬适，生活自然就愉悦了。人烦恼的根本就在于不知足，在欲望的驱使下奢华的物质生活，却与幸福背道而驰，结果得到的却并非是自己所想要的。

《佛遗教经》上有这样一句话："知足之法，即是富乐安稳之处。知足之人，虽卧地上，犹为安乐；不知足者，虽处天堂，亦不称意。不知足者，虽富而贫；知足之人，虽贫而富。"这段话的意思是这样的：懂得知足的方法，就是处在宝贵、快乐、安稳的地方。知足的人，即使睡在地上，也觉得很安乐。不知足的人，即使身处天堂，也觉得不满意。不知足的人，即使物质上很富有也是贫穷的人；知足的人，即使在物质上很贫穷也是富有的人。虽然每一个人都在追求幸福，那什么才是真正的幸福呢？告诉你，无欲是福，知足常乐才是幸福之本。

八仙之一的张果老成仙以后，玉皇大帝让他每日到民间寻访度化，帮助那些贫穷的人们。一天，他走到一个村口，看见一对衣衫不整的老夫妇在摆摊卖水。于是他就走上前去，讨口水喝，借机跟老夫妇搭话。张果老听老夫妇说他们日子过得很贫穷，就想帮帮他们。于是，张果老问老夫妇俩有什么愿望，老夫妇俩说："自己想开个酒店卖些酒，那样日子就好过了。"

张果老指指村旁的一座小山，告诉他们："在山顶上有一块形状像猴子的石头，石头旁边有三个泉眼。现在三个泉眼都被泥土堵上了，你们明天上山去把泉眼上的泥土都清理出来，泉眼流出来的水就有酒味。"张果老又给他们一个葫芦，告诉他们说："把这个葫芦装满就可以了回来卖了。"

老夫妇俩很高兴，一晚上没睡。心想，自己一定是遇到了神仙，不然，他怎么知道那里有酒水可以卖呢。第二天天还没亮，老夫妇俩就赶紧爬上山去。找到了张果老说的那块石头，打扫净了泉眼，看见果然有水流出来。舀一点尝尝果然有酒味。老夫妇俩大喜，装了一葫芦就回去摆在村口卖了起来，一葫芦的酒正好能卖一天。

他们两个就这样天天上山装酒回来卖。买酒喝的人都说酒好喝，买的人也越来越多，老夫妇俩的日子过得渐渐好起来。

过了一年。张果老又来到这个地方。见到他们卖酒生意不错，就问老夫妇俩："现在日子过得怎么样？"老夫妇俩见神仙来了赶紧告诉张果老说："自从听了你的话找到酒后，日子是越过越好了。"张果老问："你们还有什么愿望？"老夫妇俩说："就是没有酒糟，不能喂猪，不然就更好了。"

张果老听了老夫妇俩的话，摇头叹息，口中念念有词："天高不算高，人心比天高。清水当酒卖，还嫌没有糟。"话毕，飘然去了。

从此以后，山上的泉眼就干涸了，再也没有酒水流出来。老夫妇俩又回到了原来的日子。

有些人永远不知道满足，于是便让自己陷在欲望的深渊里难以自拔，内心的平静也被打破，因此也就很难收获到生活中的快乐了。俗话说，知足常乐。要想生活得幸福、自在，就要学会知足，不可这山望着那山高，停下追逐名利的脚步，珍惜身边拥有的一切。若能做到安贫以守道、知足中进取，快乐将永远陪伴左右。

陶渊明笔下的五柳先生短褐穿结，箪瓢屡空。在他看来偶尔到朋友家喝喝酒、聊聊天，没事的时候在山水之间游历，吟诗赏景，这是人生莫大的乐趣。因为知足，自得其乐，安贫乐道，才有他至今为世人传诵的山水好诗，才有他远离世俗尘嚣的快乐晚年，才有了他成为品德高尚的隐士。

在人们的生活中，有很多令人幸福的东西，可人们为什么却变得越来越不幸福呢？究其原因，就是没有一颗知足的心。一个人如果能知足，学会自我观照，自我控制，长养智慧与安详，幸福也就掌握在自己的手中了。

漠视眼前的功利，才能得到人生的潇洒

功利、得失是我们大多数人心目中最具分量的筹码。许多人一遇到与功利、得失相关的问题，心里的天平便会发生倾斜，难以自持。虽然这是人之常情，但却能严重影响一些人的心理。功利、得失是让人感受幸福的头号大敌，人要想活得幸福就不要执着于功利，超越世俗的得失，唯有这样才能够活得潇洒自在。

居里夫人名闻天下，但她既不求名也不求利。她一生两次获得诺贝尔奖，获得了多种奖章和各种名誉头衔，但是她对这些却全不在意。一次，她的一位朋友来家做客，看见她的小女儿正在玩英国皇家学会刚刚奖给她的一枚金质奖章，朋友很是吃惊，对居里夫人说："能够得到一枚

英国皇家学会的奖章，是极高的荣誉，多少人想得都得不到，你怎么能给孩子随便拿着玩呢？”居里夫人随口告诉朋友说：“荣誉就像玩具，只能玩玩而已，这样可以让孩子从小就知道，一个人绝不能永远守着荣誉，否则，将一事无成。”

居里夫人一生取得了巨大的成就，但是她一生超然，不为金钱、富贵所累，大半生都是在清贫中度过的。

当居里夫妇发现了镭，获得了诺贝尔奖，被成功的光环所笼罩时，世界都为之沸腾了。各地的科学界向她发出诚挚的邀请和致电，怀着崇高敬意的来访者和请她签名留念的一波接一波，给她拍照的、来采访的记者常包围在她的左右。然而，居里夫人却不以为然。居里夫妇发现的“镭”对于人们的生活有着非凡的意义和广泛的用途，所以有好多朋友劝居里夫妇申请生产镭的专利权。如果申请了专利，那么居里夫人一家就会有大笔的财富。但是玛丽·居里代表她的丈夫做出了这样的决定：“不应该这样做。这是违背科学精神的。科学家的研究成果应该公开发表，不应受任何限制。如果我们的发现可以获利，这只是一件偶然的事情，在这上面我们不应该有什么优先权。何况镭是对病人有好处的……我们不应当借此来谋利。”

于是居里夫妇把这个伟大的发现交给了工业界和医学界。没有用自己的成就谋求个人的任何私利。她更将巨额的诺贝尔奖金送给了身边需要资助的人——波兰的大学生、贫困的女友、实验室的助手、没有钱的女学生、教过她的老师、曾资助过她的亲属。可她自己仍然过着清贫的生活。

居里夫人不愧为伟大的科学家。著名科学家爱因斯坦曾经这样评价居里夫人：“在我认识的所有著名人物里面，居里夫人是唯一不为盛名所颠倒的人。”

一些人常以个人的得失利益为标准来看待幸福，名利双收、占便宜便高兴；无利可图、失算吃亏则郁郁寡欢或懊悔不已。可人生哪会永远在我们个人的掌控之中，哪有那么多总是如意的事情，哪有我们想得到就能得到的事情，永远胜算的人是不存在的。所以，功利心太强的人则注定会为功利所累，过得不开心，不快乐。

被世人尊称为“千古一相”的李斯，曾以其卓越的政治才能和远见卓识，辅佐秦王灭了六国，实现秦的统一大业。在秦王朝巩固中央集权，促进经济和文化的发展上，李斯呕心沥血，屡建奇功。就是这样的一位智者、贤臣，这样一位对秦朝有大功业的人，在名利面前也难拒诱惑。为了自己的一点既得利益，秦始皇死后，他附和赵高伪造遗诏，立少子胡亥为帝，害了国家也害了自己。赵高篡权得逞后，以“谋反”之罪把李斯腰斩于市，并夷灭三族。

历史上这样的例子数不尽数，前人之鉴也不得不让我们警醒：唯利是图的人，必会导致人生的灾难。

在我们周围，有许多不计较个人得失、明理、通达之士，他们活得潇洒、幸福。某大集团公司的董事长曾在公司的股份改造中拒绝属于他个人的40%的股权，戏称“拒做危险的暴发户”。在近几年的大灾面前，许多志愿者不计个人得失甚至生命去参加救灾，帮助受灾的人们，他们都用自己的言行为现代人确立了超越个人利益的最佳人生坐标，他们是快乐的人。

需要的很少，就不要对生活苛求太多

有很多人在外拼命地挣钱，他们认为有了钱就可以满足所有的愿望，自己就会快乐。其实他们错了，愿望的越多，想要的就越多，对生活的期望值就越大，人就不会满足，当然也不会快乐。这样，无形中就剥夺了自己快乐的能力。所以，我们要学会对自己狠一点，不能一味地满足自己的贪欲，而要让自己学会满足。

有一个信徒周游世界，一天晚上他走进了街区的一个小巷里，在那里他看见了一个生命垂危的乞丐。信徒拉着乞丐的手说："需要帮忙吗？我可以送你去医院。"

但乞丐却说："算了，已经没用了，我已经知足了。我爱唱歌，把音乐视为生命，我的愿望是唱遍全国的每一个角落，虽然我一无所有，但我实现了这个愿望，我已经别无所求了。现在我只想说，感谢神灵，让我一生很都快乐，并让我用歌声养活了我自己。我的一生都在做我喜欢的事情，现在我快要死了，但死而无憾。"

话刚说完，乞丐就死了。信徒很虔诚地将他埋葬，并为他祈祷。

后来信徒每到一处都给人们讲这个故事，并总结道：乞丐虽然不是一个腰缠万贯的富豪，可他从不缺少生活中的快乐，因为他有着一颗容易满足的心。

人生最有意义的活法就是做自己喜欢做的事，并从中发掘到一颗容易满足的心灵。人类不快乐的最大原因就是欲望得不到满足、目标得不到实现。小说《笑傲江湖》里有一句话说得好："莫思身外无穷事，且尽生前有限杯。"我们现在的生活，丰衣足食已不成问题，甚至可以追求更高的精神生活，可我们却变得越来越不快乐。原因是什么呢？原因就是我们心存贪恋，永远不知满足。因为不知足，我们心中总有缺憾。知足吧，只有这样，我们才能有真正的喜悦、宁静和快乐。

从前，有一个年轻农夫总是抱怨自己生活不济，命运多桀，既发不了财也当不了官，整日面朝黄土背朝天，因此农夫终日愁眉不展。

一天，有个道士路过他家，道士看到农夫闷闷不乐，便问其原因。

农夫叹息道："为什么我总有这么多的烦恼？为何我既没有一技之长而又一贫如洗？"

道士说："年轻人，你明明很富有啊！"

农夫问："富有？我除了烦恼什么也没有。"

道士微笑着问他："那么，假如有人用100两黄金换你20年的寿命，你愿意吗？"

"当然不愿意！"

"那用500两黄金换你的健康，你愿意吗？"

"不愿意！"

"那用1000两黄金换你的生命，你愿意吗？"

"不愿意！"

道士大笑着说："年轻人，到现在为止你至少拥有1600两黄金了，难道还不够富有吗？"

俗话说："命里有时终须有，命里无时莫强求。"人们对事物一味理想化的要求导致了生活节奏加快，因此，常常不能平和心态，追求完美的同时也失去了很多美好的东西。不对生活苛求太多，生活反而会赐予你更多的快乐。

不要为难自己，选择幸福的心态

幸福，寻找它的人多，得到它的人少。很多人以为，只要取得了金钱上的富足、事业上的成功，他们就可以过上幸福的生活。然而，当他们拼全力站上人生顶峰的时候，却往往会发出"高处不胜寒"的感叹。他们或许在一瞬间体会到了成功的喜悦，然而还没等他们品尝到幸福的滋味，他们的内心便被落寞与空虚充斥殆尽了。这些人不明白，幸福更多的是一种精神上的体验，它不会在乎人们的富有或者贫穷。所以，我们可以看到富人在城堡里流着痛苦的眼泪，而穷人则在乡间哼着舒心的小调。

人们在谈论幸福时，往往会这样说，“这是一种幸福的感觉”“幸福的滋味只可意会不可言传”……是啊，幸福往往关乎的是一种感觉，一种心态。当你用幸福的心态去观察事物的时候，一切都会因你的心情而变得美好，而当你用痛苦的心情去观察事物的时候，一切都会变得暗淡无光。

有人说，痛苦是上帝的惩罚，快乐是上帝的嘉奖。人生的苦与乐都是天定的，自己无法左右。但台湾心灵大师张德芬说：“痛苦是自己选的，快乐是自己给的。”在张德芬看来，无论苦与乐，都没有那么神秘，一切都是自己选择的结果。

在法国，有人问一行禅师：“信徒能从佛教中找到属于自己的快乐，那些不信佛的人能从生活中找到快乐吗？”

一行禅师说：“快乐无处不在，就看你会不会选择快乐。”

提问者不解：“生活中有那么多快乐吗？”

一行禅师指了指身前的一盆花说：“这上面就有你的快乐。”

提问者一脸茫然地问道：“有吗？”

一行禅师说：“当然有啊，你到花市去选择一盆你最喜欢的花，将它带回家放在最显眼的地方，并天天照料它，就像爱你的孩子一样。你要学会和你的花儿培养感情：经常跟她说话，把心里话说给她听，告诉她你多么爱它——你要相信，它总是很认真地聆听着你的心事。你一定能够体会到自己付出纯真的爱意时内心和谐的感觉——那是多么美妙的感觉啊！如果你把时间和精力真正地投入到一件事情中，你就会忘了自己的焦躁不安、愤闷和匆忙时的尴尬。你尽情欣赏你可爱的鲜花时，你就融入了爱的氛围，你的身心就会融入轻松愉悦之中。”

快乐到底是用什么标准来衡量的呢？它又是由谁来控制的呢？其实很简单，快乐常常就掌握在我们自己的手中，那个真正操控着快乐的人，就是我们自己。我们对待生活的态度就决定着我们会从中获得快乐还是忧伤。这就是一行禅师的快乐之道。

乐观的人会用积极的心态生存下来，而悲观的人则选择了放弃。选择生存的人忍受着生命的苦痛，阳光总在风雨后，苦痛过后总会有幸福的存在；选择了放弃的人虽然不会忍受长时间的苦痛，但是，他们永远都失去了获得幸福的机会。

心态就是如此重要。对于美好的事物，我们一方面希望它臻于永恒，一方面又担心其太过娇嫩而不能持久。在这种患得患失的矛盾心态下，我们让自己陷入了痛苦之中。我们看到的不再是事物美好的一面，我们看到的是事物终将毁灭的一面，虽然我们并不知道它将在什么时候毁灭。

“不以物喜，不以己悲。”这句话已经接近了幸福心态的真谛，但还是无法完整地将其表达清楚。幸福的心态就是不活在过去，也不活在未来，只是仅仅盯着现在。只有活在现在之中，你才会拥有幸福的心态。

幸福的心态是一种现在时的心态，是一种可以包容痛苦与悲伤的心态。它犹如一条缓缓流淌的大河，静谧无声而又泽被万物。然而，为什么我们的内心总是被消极、痛苦的心态所占据，幸福总是受到无情地排挤呢？有心理学家指出，或许人类更偏爱心理上的刺激吧。消极、痛苦的心情显然要比快乐的心情对人类的刺激更大，而人们往往是趋利避害的。从一定角度来讲，痛苦有时候对人类来说更像是“利好”消息。是啊，枯燥的生活往往会造成精神的麻木。用痛苦的心情刺激一下，至少可以让人类的知觉不至于消失殆尽。

可是，我们为什么不选择用幸福的心态来调节自己的生活呢？幸福，难道不是每个人都在追求的吗？或许，你会说：我也很想拥有幸福的心态，可是，我害怕我会失去它，这样我必然会陷入更大的痛苦之中；两害相权取其轻，所以，我宁愿承受一定的痛苦。愚蠢的人呀，看看你受到了什么样的蛊惑！你为什么总是选择这些消极的思想作为自己生活的经验呢？

踏踏实实地活，不让"非分"之福累自己

社会上很多人都以能坐享"非分"之福而得意洋洋："家里红旗不倒，外面彩旗飘飘""家里有个爱人，外面有个情人"。这才是"成功者"的生活。事实上这种"成功"的日子并不好过：既担心"前院"爆炸，又害怕"后院"失火。同时，又得背负对情人的责任和对家人和孩子的愧疚，日子过得提心吊胆，一旦事情闹穿帮，不是家庭破裂，就是名誉扫地。

吴峰在一家会计师事务所任职，衣着贵气、风度翩翩。别人看着他时，眼里总是透着羡慕！事业上一帆风顺，家中还有一位如花美眷，人生至此，夫复何求？其实别看吴峰表面风光，他也有一肚子的苦恼：妻子比吴峰小 5 岁，年轻漂亮，大学毕业后就嫁给了他，现在家中做全职太太。妻子没什么不好，但总是把生活重心放在他身上，这让吴峰有种被动压抑的感觉。最近吴峰又添了一个烦恼，那就是他的情人佳佳。佳佳是事务所的一名实习生，活泼美丽，尽管知道吴峰已经有了妻子、孩子，还是不顾一切地甘心当他的情人。最初的一段日子，吴峰过得很甜蜜，但慢慢地麻烦就来了：妻子责怪吴峰不回家，佳佳抱怨吴峰不陪她；今天妻子要吴峰陪她逛街！明天佳佳又要求去吃烛光晚餐……吴峰往往是左支右绌，里外不是人！渐渐地，吴峰觉得自己过得太累了，面对自己的妻子他有点作贼心虚，既觉得有愧，又害怕被拆穿；和佳佳在一起时，总得小心翼翼地讨好她，没有片刻轻松，何苦来呢？吴峰真不知道该怎么办了。

吴峰刚开始婚外恋时，觉得一切都新鲜刺激，整个人都年轻了 10

岁，好像又重温了过去恋爱的种种：期待电话的心情，怦然心跳的感觉，或是兴奋地想要引吭高歌，或是一股暖流涌过心头。整个人好像活在梦幻中，轻飘飘的。但很快他就发现自己如今除了要向妻子尽义务外，也要向情人尽义务。他必须同时满足两个女人对他的期望。因此他在两个女人之间疲于奔命，没有一点属于自己的时间。刚开始原以为自己找到了一处没有责任，可以自由休憩的“世外桃源”，没想到如今这块乐土也变成有义务、要负责任的负担。

吴峰决定和佳佳分手，但事情远没有他想象的那么容易——佳佳坚决不肯分手，反而要求吴峰和妻子离婚。这可把吴峰吓坏了，他怎么能抛妻弃子呢？佳佳干脆告诉他，如果他再提分手，自己就去找他妻子，把事情捅破。这回吴峰可明白什么叫作茧自缚了，可是这时后悔已经太晚了。3个月后，妻子发现了这件事，她愤怒地找到事务所大闹了一场。“狐狸精”佳佳被解雇，吴峰在公司颜面扫地，也只得辞职了。佳佳在跟他要了一笔钱后去了上海，而妻子虽然为了孩子并未与他离婚，但却总是对他冷冰冰的，甜蜜的生活很难找得回来了。

很多人经不住当下的诱惑，男人幻想着“贤妻美妾”的生活，女人渴望“蓝颜知己”的传奇。可是，他们不知道这种生活哪是人生的享受呀，其实是自己给自己的一种负担，很多人因此让自己身心疲惫。

赵明明原来在一个机关单位上班，后来下岗了，在朋友的帮助下下海经商，后来发展得很好。在头几年，赵明明能在商场上把持得住自己，尽量减少应酬，有空就陪孩子爱人。但是，当教师的丈夫不仅没有品味，更是不懂风情，这让一贯追求生活品位的赵明明有些失望。作为在外打拼的女人，赵明明在心中渴望遇到“懂自己”的人。

一次，赵明明在一个商贸洽谈会上遇见了风流潇洒的郭老板，也许是因为旅途寂寞，两人发生了不该发生的事。后来，两个人保持着情人关系。其实，赵明明并未在这个男人身上投注感情，她觉得这只不过是男欢女爱各取所需。

世上没有不透风的墙，丈夫很快就发现了她的不忠。很快，丈夫递给她一份离婚协议。赵明明整个人都呆了，她没有想到丈夫竟然会发现这件事，更没想到丈夫要为此离婚，她赌咒发誓、百般哀求，但倔强的丈夫还是和她离婚了。

离婚后，赵明明过得很不好：虽然有超大面积的楼房，但却冰冷的像旅馆；她身边有男人，但却没人会像前夫那样叮嘱他“开车小心”；没有人会像前夫那样做好可口的家常饭菜，等着她一同分享！一失足成千古恨啊！

生活中，很多人也和赵明明一样，他们搞外遇没有任何目的，只不过是因为一时放纵，可是，往往就是一时的错念，让人陷入深渊。很多时候，人们在为事业忙，在为家人忙。可是，有些人的忙，是在为情人忙，为扭曲的情感忙，从来不会停下来看看现在，珍惜现在。告诉你，超越现在的“非分之福”绝不是人生之福，而是毁灭人生幸福的泥潭。

改变你的心境，快乐才能到心里

佛教有这样一个观点，“境由心生”。这个观点认为，人们内在的道德、情绪、情感往往会投射到外部的环境中。比如，一个喜极而泣的人，即使见到一个丑陋的东西，也会发觉它可爱的地方。而一个满怀怨恨的人，即使见到最可爱的东西，也能挑出它身上的缺陷。“境由心生”，如果你想让自己所处的环境变得快乐、温馨的话，那么就改变你的心境吧。

布朗夫人在第二次世界大战期间失去了她唯一的儿子，而且在之前的几年，她已经接连失去了自己的丈夫和母亲。布朗夫人这样描述自己当时的境遇：

“第二次世界大战结束了，人们开始欢庆战争的胜利，享受家庭的天伦之乐。而我的母亲、丈夫，还有的我的儿子唐纳都已经离我而去，整个家里就只有我一个人了。面对空荡荡的房间，一种强烈的孤独感涌上了我的心头。我知道，一个人的生活将把我打入孤独、凄凉的境遇之中。面对着如此悲戚的环境，我不知道如何是好。

“时间过得很快，我感觉自己要被这种孤独寂寞的氛围压抑地窒息而死了。我十分害怕，怕自己永远陷入这种悲凉的境地。直到有一天，我对自己说：‘你已经失去了亲人，可是你还有朋友。但是，如果你一直这样毫无生气地生活下去的话，你早晚也会失去他们。’我告诉自己必须振作起来。

“于是，我开始出去工作。渐渐地，我发现我对生活、同事、朋友们又重新产生了热情。我知道，不幸的事情已经结束了，美好的生活正在前方等着我。

“虽然这种转变经历了很长时间才发生，但是它毕竟是到来了。我知道，这是我选择出去工作带来的结果。”

布朗夫人做出了正确的选择。她没有一直沉浸在失去亲人的悲凉心情之中，而是选择走出家门、参加工作，在和同事、朋友的交往中改变自己的心境。她做到了。当她做到的那一刻，她的生命又重新显现出了夺目的光辉。

选择的力量存在于你我的头脑之中，只要你想运用它，你随时都可以将它掌握在你的手心之中。运用选择的力量，你可以改变自己的心境，实现自己的计划，真正按照自己梦想的方式去生活。

有两位老太太，她们虽然都已经年届七十，却有着不同的心境。一个老太太内心充满活力，总是想尝试新鲜的事物。另一个老太太则心如死灰，只求自己可以远离疾病的折磨。充满朝气的老太太为自己定下了一个高远的目标——征服世界的山峰，领略不同的风景。在70岁的年纪，这位老太太开始爬山。随后的25年里，她一直从事这项事业。在95岁的时候，她登上了日本的富士山，并因此创造了一个新的世界纪录——登顶富士山年纪最大的人。这位老太太就是大名鼎鼎的胡达·克鲁克斯。

克鲁克斯女士以她积极的心态为我们做出了榜样。我们虽然不能使时光倒流，重新得到充满活力的青春，但是，我们可以改变自己的心态，使自己的心永远年轻。

由此可见，决定一个人一生的并不仅仅是环境，这个人面对环境所做出的选择也是至关重要的。是否可以掌握自己选择的力量，通过控制自己的思想，进而间接地改变环境，这事关一个人的现在和未来。人生到底是以悲剧收场还是以喜剧落幕，是黯然失色还是丰富多彩，全在于一个人是否懂得去改变心境，优化自己的内心。

第三辑 凡事顺其自然，幸福的人生不抱怨

人一生总会遇到不如意的事情，但是如果你面对这些不如意的事情常常抱怨、烦恼，这样的心态是非常消极的，何不顺其自然呢？只有顺其自然才能够从这些事情中不断地成长，做一个幸福的人。幸福的人生是不会有任何抱怨的。

如意只有一二，何不随意而安

人生不如意事常有八九，人生际遇不是个人力量所能控制的。而在复杂多变、不如意事常有八九的环境中，唯一能使我们安心的办法，就是使自己“随遇而安”。

人与人生命的长度大致相同，但宽度却大相径庭。人们常说，好死不如赖活着，其实怎么个活法，是死撑着还是幸福地活着，表面看来没什么区别，但其实质大不一样。

一个艳阳高照的夏天，寺院里的一盆花被太阳晒的拉着脑袋。

“天哪，快浇点水吧！”小和尚一边喊着一边去提了桶水来。

“别急！”老禅师说，“现在太阳太厉害了，热的花浇上冷水，非死不可，等晚一点再浇。”

傍晚，那盆花更加枯萎了，整个身体都趴在了盆上。

“不早浇……”小和尚见状，抱怨道，“一定已经干死了，怎么浇也活不了了。”

“浇吧！”老禅师指示。

水浇下去，没多久，已经枯萎的花慢慢站了起来，而且生机勃勃。

“天哪！”小和尚喊道，“这花可真厉害，这么热的天，居然还能撑到现在。”

老禅师纠正道：“这花不是死撑着，是好好活着。”

“这有什么不同呢？”小和尚低着头，十分不解。

“当然不同。”老禅师拍拍小和尚说，“我问你，我今年80多了，我是坐着等死，还是开开心心地好好活着呢？”

小和尚低下头沉思起来。

晚课完了，老禅师把小和尚叫到面前问：“怎么样？想通了吗？”

“没有。”小和尚依然低着头。

老禅师严肃地说：“很多人得过且过地活着，害怕自己死了，每天求神拜佛，希望得到永生，死后成佛，这是撑着不死；而有些人非常珍惜活着的每一天，他们每天都充满希望地向前看，这是好好活着。那些死撑着的人，没好好过今生的每一天，佛祖又怎么会给他死后更好的生活呢？”

在生活中，不如意的事情太多，其实根本不需要像小和尚那样急躁，而是要学习老禅师那样随遇而安的心态。既然生活在这个世界上时都没有领悟何为真生命，那还能指望在死后获得全新的生命吗？

这里的“好好生长”与“撑着不死”是对同一种处境的不同选择，因为“好好生长”是面对生活泰若安然的态度，而“撑着不死”是对生活充满无奈地活着，所以我们应该揣着一颗必死之心，能够直面生死才不会在逆境面前瞬间崩溃。好好生长是一种积极的随意的心态，顺从一天又一天精彩的生活，只要保持眼睛有光泽，心灵就永远不会荒芜。

一天，弘治禅师在禅院里修行悟道，一位故人前来拜访。吃饭时，故人见弘治禅师吃一道咸菜，故人不忍心地说：“难道你不嫌这咸菜太咸吗？”

弘治禅师回答说：“咸有咸的味道！”

过了一会儿，弘治禅师吃好以后，手里端着一杯开水，故人又皱皱眉头道：“没有茶叶吗？难道每天都喝这平淡的开水？”

弘治禅师又笑一笑说：“开水虽淡，但淡也有淡的味道。”

故人后来说：“弘治禅师一切都好，肮脏的客栈好、破旧的席子好、破旧的手巾好、萝卜好、白菜好、咸死人的菜饭好……什么都好，什么都有味。”

"什么都好"，有也好，无也好；多也好，少也好；光荣也好，羞辱也好。不会太计较穷富、得失、顺逆有无、分合别离，遇到任何事情都能接受，任何地方都能安住，其实只要能够随遇而安，何处不是净土！这就是随遇而安。

当你遇到不愉快的事情，要学会安慰自己、开导自己，试着让自己的心平静下来。只要能做到："胜不骄，败不馁，宠不喜，辱不惊。"那么，你就找到了任自己内心宁静的良方。只有内心宁静了，才能看得开、看得远。

人生在世，很不容易，风风雨雨，沟沟坎坎，苦辣酸甜都可能遇到，因此，要保持一种随遇而安的平常心态。这种心态并非消极，而是提示人们在不断进取中，无论是成功，还是失败；无论是车水马龙，还是门庭冷落；无论是辉煌夺目，还是默默无闻，都要有个良好心态，笑对人生，继续拼搏。所以说，一个人如能不管际遇如何都不较真儿，都能保持快乐的心境，那他将比拥有万贯家产都更有福气！

接受当下，幸福跟着妥协走

人的一生，其实就是一个不断妥协的过程。从生到死，我们不断地妥协。向时间妥协，向生活妥协，向命运妥协，向生命妥协。因为很多时候，是妥协成就了社会的和谐和人生的幸福。国家之间学会妥协，就能给世界带来和平与发展；企业之间学会妥协，就能给双方带来双赢；同事之间学会妥协，就能给团队带来合力；家人之间学会妥协，就能使家庭免于破裂、促进和睦、保持亲情和温馨！不管在哪个集体，哪个角落，妥协都会让人获得幸福。

很小的时候，小灵在外面玩，父亲喊她回家，她便梗着脖子喊："我不，我偏不。"结果，父亲劈来一巴掌，将她左脸打到了右边去。

小灵向母亲要糖吃，母亲说留到下次再吃吧，她鼓着眼睛叫："我要，我就要。"结果，母亲把给了她的糖也收回去，从地上抄起一根竹条，打了她几下。

小灵梗着脖子的样子是不是太憨，鼓着眼珠的样子是不是太倔？

现在，长大了的小灵也许会这样处理这两件事。她会对父亲说："让我再玩一会，我就回来。"她会对母亲说："还给我两粒，就两粒。"也许事情会这样演绎：小灵多玩了一会，小灵又多得了两粒糖。

因为小灵已经学会了妥协。

不是说梗着脖子说"不，我偏不"是完全错的，不是说鼓着眼睛说"我要，就偏要"是完全不能的，而是说，人生许多东西并不能够绝对按照自己的意志转移。世界并不是你一个人的，只有学着对他人多一些隐忍、包容，你和身边的人相处得才会更和谐。

有一位大姐虽然泼辣能干、不拘小节，但就是不喜欢做家务。一次，她丈夫出差，她就邀请自己的女友到家里做客。吃过晚饭，女友看电视，她就去邻家打牌了。

守着满桌狼藉看电视？女友觉得很难受，就收了碗筷送往厨房。一进厨房，女友愣了：在厨房的洗碗池里，堆满了未洗刷的锅碗瓢盆，足足有 20 多个。

看来，自丈夫走后，妻子就没有洗过碗筷！女友知道这位大姐不爱干家务，可没想到她竟懒到这种程度。女友看不下去了，用了整整一个小时将厨房打扫得干干净净。

事后，女友问她：这样你的丈夫不会跟你吵闹吗？大姐听后，竟然显出一脸的幸福和得意："不会，他走的时候，还特意去买了些新碗，告诉我说'只管用留着他回来再刷'，他知道我不喜欢刷碗。在这个问题上，这么些年他从来没有和我恼过。"

大姐说，因为自己不干家务，婆婆有些不满，可老公认为，人无完人，妻子聪明能干、豁达开朗，不喜欢进厨房，这不算什么毛病，他不会计较这些。所以，结婚30年来，两人一直恩爱如初。

女友看大姐如此幸福，就问有秘诀没有。大姐笑笑说，哪有什么秘诀，只不过是彼此多一些包容和妥协而已。

在现实生活中，很多夫妻就是为一点鸡毛蒜皮的小事而怒目相向。如果，双方能多一些包容和妥协，那么将会给自己增添多少幸福啊。特别是当激情退去，平淡成为婚姻生活的主旋律，妥协或许就成了幸福的催化剂，幸福就会万年长，爱情也能够长长久久到白头。

事实证明，接受当下，在纷争中多一些忍让，学着向对方靠拢，适应对方，这样人生才会更加快乐。

跟着感觉走，你的内心就不会太纠结

有心栽花花不开，无心插柳柳成荫。世事往往就是这样，有些事过于执着过于强求也无济于事。有时候执着会成为一种负担，一种生活的累赘。放下身上背负的包袱，跟着感觉走，一切随缘，你就不会纠结，就会轻松很多。

人生无常，人生短暂，人生能安于世，就在于万事随缘，这样，你就不纠结。因为随缘，你可以处变不惊；因为随缘，你可以淡泊名利；

因为随缘，你可以心胸坦荡；因为随缘，你的生活在平淡中光彩夺目。要尊重缘分，但在珍惜“缘分”的同时，还要做到缘来不拒，缘尽不惊。只要不拒绝随缘，随缘便时时存在于生活中。一切随缘，随缘便是福。

婆罗门经常听人们说，舍卫国的人过得很逍遥快乐，因此，他很想到舍卫国去看一看。

经过好几个月的长途跋涉，他来到了舍卫国。

他刚到舍卫国，在进城的路上，他看见田地里有父子两人在耕种，突然来了一条毒蛇，并将儿子咬死了。可奇怪的是，那个父亲不但不管儿子，而且接着干活，像没什么事一样。

婆罗门觉得很纳闷，于是上前问道：“你的儿子都死了，你怎么无动于衷呢？”

那个父亲反问道：“我从来没见过你，你从哪里来，干什么？”

婆罗门回答说：“我从罗阅祇城来，听说你们国家的人过得很快乐，打算来求学修道的。”

接着，婆罗门又问道：“你儿子被毒蛇咬死，你为什么像没什么事一样？”

那个父亲回答说：“难道你不明白吗？人之生、老、病、死，世间万物的运行，都遵循自然规律，忧愁能有什么用呢？为一件已经无法挽回的事去伤心得饭也不吃、觉也不睡，那就什么也做不了，跟死人一样，活着的意义就不大了！你要到城里去，一定会路过我家，请你带句话给我家人，就说儿子已经去世了，只要准备我一个人的饭菜就够了。”

婆罗门觉得很诧异：“这是什么人呀！太冷血了，儿子被蛇咬死，不悲哀也就算了，反而还想吃饭，真是没人性！”

随后，婆罗门路过耕种者的家，并对他的妻子说道：“你的儿子在地里被毒蛇咬死了，你丈夫让我捎句话给你，只要准备他一个人的饭就行了。”

妻子听后，喃喃地说：“人生如同住店，缘聚缘散，都是缘分，他赤条条来，赤条条去，谁能违反这一自然规律呢？”

婆罗门想不到妻子也是这样回答，心中非常生气，对妻子说道：“要是你的丈夫也死了的话，你也一点儿不难过吗？”

妻子没有回答。

婆罗门想：“难道自己走错了地方？人都说舍卫国的人如何慈爱、如何孝顺、如何幸福生活，所以我才想到这儿学习修道，可是没想到这儿的人是这样的没有人情味。”

他弄不明白其中的原由，于是满脸忧愁地去请教佛陀。佛陀早就知道婆罗门的来意，却故意问他说：“你因为什么事情这么忧愁呀？”

婆罗门回答道：“有件事我想不通，所以忧愁。”

佛陀又问：“遇上什么事你想不通啦？”

于是，婆罗门向佛陀诉说了他去舍卫国的所见所闻。

佛陀听后笑道：“他们才是真正明白人生事理的人啊！他们明白，人生无常，伤心悲哀是不管用的，所以正视人生的自然规律，过着无忧无愁的生活！很多人不明白生死无常的道理，等到突发事件一来就接受不了，于是懊恼、痛苦就随之而来，产生了无谓的痛苦。”

婆罗门点点头，似乎明白了舍卫国的人为什么是最快乐的。

其实，世间的很多人不见得都懂得“随缘是福”四字后的真正意义。我们所说的“缘”，就是周围的环境、条件、人与人之间的关系，比如夫妻缘、父子缘、同学缘、同事缘等，随缘就是顺应自然、天理、人伦；随缘就是不强求，顺自然；随缘就是爱惜家人、同事及一切有缘之人。唯如此，我们才能感受到快乐常在！

看开、想开，心开了，人就开心了

如果你刚买的新车被撞坏，如果你弄丢了一个月的工资，如果你第一次投资就惨遭失败，如果你在金融危机时被公司辞退，如果你的股票跌至最低……面对着一连串的损失，你会一味地抱着悔恨痛哭流涕吗？聪明的人绝不会这么做。因为他们知道，既然已经失去了那么多的金钱，就不能再让自己失去更多了，比如好心情。

当全球金融风暴向我们袭来的时候，很多人并没有因为诸多损失整天愁眉苦脸，而是积极地调整自己的心态，不让自己陷在伤心的旋涡中无法自拔。

“虽然金融危机中有很多的风险，但同时也有很多的机会。如果因为赔掉的钱而一味地沉浸其中的话，是不会有精力去发现危机中的转机的，就算是再好的机会来到你面前，你也会与它失之交臂。所以不要为打翻的牛奶哭泣，我们应该学会乐观处事，这样才有可能将输掉的再赢回来。”巴菲特如是说。

“现在中国的一些高风险行业也已经受到了影响，本人所在的行业也未能幸免。这一切都还只是刚刚开始，不知道后面是什么样的结果。但如果后面的结果比现在更糟的话，那为什么不好好地把握当下？如果后面的结果比现在好转的话，那还有什么好伤心的呢？要知道一切都会好起来的。纵然工资、福利各方面都不能和以前相比，但输什么都不能输了好心情。”史玉柱如是说。

“受金融危机影响，股市也一直低迷，我现在每周只看一次股指，不看盘，心情反而好了很多。心态很重要，日子好不好过完全在于你选择怎样的方式去对待，还有就是选择一个什么样的心情。天天盯着那些基本上已经‘打了水漂’的钱也没用，如果已经赔上了金钱，千万别再赔上自己的心情，划不来。”马云如是说。

“金融危机时，单位效益不景气，但我并没有因此而减少我的化妆品开销，因为我和我的两个好朋友利用空闲时间在夜市上摆了一个小摊位，这样不仅可以增加点收入，缓解一下困难，还能让自己的心情得到适当的转换，好心情加‘外快’，岂不是一举两得。”做外贸工作的马小姐如是说。

每个人都拥有很多的财富，除了钱，还有健康的身体、和睦的家庭、竞争的能力、知心的朋友、美丽的心情。如果我们已经损失了金钱就不要再让其他的东西消失。与其花时间去哀叹、惋惜，不如养精蓄锐，寻找机会，成倍地赚回赔掉的钱。这个时候的你一定要学会调节自己的心态，以一颗平和的心去面对，尽量不要去想那些赔掉的钱。试着用转移注意力的方法让自己忘掉这些不幸：比如听音乐、看小笑话、约朋友出去钓鱼等，这些都有助于疏散你的不良情绪。

在大征兵中，美国加州有位大学刚刚毕业的年轻人被选中，即将到最艰苦、最危险的海军陆战队去服役。

自从知道自己会在海军陆战队服役的消息后，这位年轻人便忧心忡忡、心神不宁。他的祖父见他整天一副魂不守舍的样子，便对他说：“孩子呀，这有什么好担心的。即使你到了海军陆战队，你还有两种可能，要么留在内勤处，要么是派送到外勤部门。你要是分到了内勤处，就完全用不着担心受苦受累了。”

年轻人沮丧地说：“那要是我不幸被派送到了外勤部门呢？”

祖父说：“那你同样会有两种可能，要么是留在美国，要么是派送到国外的某个军事基地。如果你被留在了美国，那又有什么可怕的呢？”

年轻人问："那么，要是派送到国外的基地呢？"

祖父说："那也还有两种可能，要么是被派送到和平地区，要么是被派送到爆发战争的地区。如果把你派送到和平的国家，那也没有什么可怕的呀！"

年轻人又问："那我要是不幸被派送到爆发战争的地区呢？"

祖父说："你同样也会有两种可能，要么是留在总部，要么是被派到前线去参加作战。如果你被派送到总部，你同样不用担心。"

"那么，若是我不幸被派往前线作战呢？"

祖父说："那同样还有两种可能，要么是安全归来，要么是不幸负伤。如果你能够安全回来，现在的担心岂不是多余的？"

"那要是不幸负伤了呢？"

祖父说："这也有两种可能，要么是负点轻伤，没有任何生命危险；要么是身受重伤，危及生命安全。如果只是负了点于生命并无大碍的轻伤，那又何必过分担心呢？"

年轻人又问："那要是不幸负了重伤呢？"

祖父说："你同样有两种可能，要么是依然能够保全生命，要么是完全治疗无效。如果你能保全性命，那还担心它干什么？"

年轻人再问："那要是自己活不过来怎么办呢？"

祖父听后哈哈大笑着说："那你人都死了，你就什么都不要担心了！再说，那么多机会，你怎么知道你得到的就是最糟糕的一个呢？"

每个人的一生都会遇到各种各样的不幸：亲人的离去、疾病的缠绕、贫穷的折磨、朋友的背叛……但是这些都不至于把人追上绝境。天有不测风云，人有旦夕祸福。既然不幸已经发生，又没有办法改变既定的事实，那不妨就坦然地接受，这样，你就会快乐。

一天，卓然下班后本想打的回家，可是一想到打摩托车能省几块钱，于是就坐着摩托车回家。不料半路摩托车遭遇了车祸，卓然因此失去了一条腿。朋友们来看望他，都为他失去了一条腿而难过，卓然却笑了。朋友们都以为他精神不正常了。

“当我醒后得知自己只失去了一条腿时，我心里想，完了，以后该怎么办？继而后悔那天选择坐摩托车。不过后来我安慰自己道：‘既然已经成既定事实，再后悔也没用，还好只是失去了一条腿，而不是整个生命。’想到这里，心情忽然不再那么沉重了。所以，我现在有足够的理由笑啊！”

后来，因为少了一条腿，卓然已无法胜任原先的岗位，不久后卓然便接到了下岗通知书。

朋友们知道后，准备了一大堆安慰他的理由，准备好好安慰他一番。这次又让朋友们很是意外，见到卓然时他乐呵呵的，一点儿也不像失业的人。

“你不难过？那可是下岗通知书啊！”一个朋友问。

“既然下岗已成事实，我与其难过，还不如想：‘幸好只是失去了工作，但我并没有失去再创业的勇气啊！’所以，我没有理由难过！”

再后来，卓然的妻子走了，还卷走了家中所有值钱的东西，就是因为家中的日子越来越困难，妻子跟他过不下去了。

朋友们知道后，都为他担心，以为卓然经过这次打击，肯定会消沉，便都赶过去看望他。当朋友们敲开卓然家的门时，卓然一脸的欣喜，热情地招呼朋友们坐下。

“你是不是真的疯了？妻子走了，你一点也不难过吗？”朋友们冲他喊道。

“她走了，只能说明她并不是真心爱我。我失去一个不爱我的人，有什么理由难过？”

生活中难免有失意的时候，凡事想不开，只会给自己带来痛苦；而凡事想开了，或常往好处想，就会在软弱时变得坚强，在颓丧时变得振作，在痛苦时变得愉快，在忧郁时变得开朗……也许当你真的没有希望的时候，另一个希望正在向你悄悄地走来。

不挑不拣，做喜欢的工作容易成功

一个人如何才能在工作中获得乐趣，如何才能在工作中取得成功？那就是喜欢上自己的工作。轮胎制造商古利奇公司的董事长大卫·古利奇说：“成功的第一要素就是喜欢上自己的工作。如果你喜欢自己的工作，即使你工作的时间很长，你也不会觉得自己是在工作，相反，你会觉得自己是在做游戏。”

伟大的发明家爱迪生就是一个很好的例子。爱迪生几乎每天都在他的实验室里面辛苦工作18个小时，但他一点也不觉得辛苦。“我一生中从未做过一天工作，”爱迪生宣称，“我每天都是在其乐无穷的发现中度过的。”

查尔斯·史华伯也曾说过：“如果每个人都能从事他自己无限热爱的工作，那么，每个人都可以获得成功。”

然而，我们如何才能找到我们喜欢的工作呢？很多人都不清楚自己想从事什么样的工作，他们根本不知道自己想要什么。《获得工作的六个方法》一书的作者保罗曾说：“现在的年轻人根本搞不清楚对自己最重要的是什么，这真是让人吃惊。他们宁愿将大量的精力花费在挑选服饰上，也不愿意在关系他们未来命运的工作上多用一些心思——而他们将来的幸福和成就都是与所从事的工作息息相关的。”

先看看菲尔·琼斯是如何取得成功的吧。

菲尔·琼斯的父亲开了一家洗衣店，他叫儿子来自己的店里工作，并希望他将来可以子承父业。但菲尔根本不喜欢洗衣店的工作，所以他平时总是懒懒散散地打不起精神。菲尔对工作从来不上心，总是应付了事，有时他干脆不来店里。看到儿子毫无进取心，他的父亲十分伤心。

有一天，菲尔对他的父亲说，他希望去机械厂工作，成为一名机械工人。他的父亲十分不理解儿子的决定，他本来可以继承自己的财产，成为一个小老板。但是，他拗不过菲尔。最终，菲尔如愿以偿地进入到机械厂工作。相比于在洗衣店时的工作状态，菲尔简直判若两人，他干得比以前卖力多了。虽然机械厂的工作又累，工作时间又长，但是，菲尔却乐在其中。渐渐地，他开始选修一些工程学的课程，研究起引擎来，并开始试着安装各种机械。

菲尔于 1944 年去世，此时他已经是波音飞机公司的总裁。他负责组织研制的“空中飞行堡垒”轰炸机，帮助盟军赢得了第二次世界大战的胜利。

菲尔和爱迪生一样，通过从事自己喜爱的工作，取得了自己人生的成功。但是，菲尔的第一份工作并没有给他带来快乐。可是，我们不该因此就否定了此份工作的价值。或许，正是由于这份工作，菲尔才开始思索自己到底想要从事什么样的职业。

我们并不苛求你一开始就选对自己的工作，每个人都有不断试错的机会。关键是，当你在工作中无法获得乐趣时，当你调整了自己的工作态度，依然没有任何起色时，你要及时地抽身离去。静下心来，从令自己失意的工作中寻找自己内心渴求的方向，并循着自己的内心去寻找下一份工作。

如果你只是想获得一份不错的收入，那么，你可以根据就业辅导的建议进入一个收入不菲的行业；如果你想获得人生的成功，那么，去寻找让你感到快乐的工作吧。

接受缺憾，不求十全十美的现在

没有完美的世界，也没有完美的人生，有时候，目标与现实之间只差一点点而已。如果你抱着自己的完美理想不放手的话，就会招惹来无穷无尽的烦恼的纠缠，相反，在完美与不完美间寻找一个平衡点，你的生活将会快乐轻松很多。

小强以完美地过完自己的每一天为目标。当他看到房间里积了一点灰尘时，会惊呼！赶快进行了一次大扫除；当他看到自己的鼻子、嘴巴或是某某部位不如别人时，会大叫：我也要那张脸！于是不惜大动干戈让人拿刀子给自己画个大花脸；当他看到电视里播放的泡着花瓣的浴缸，马上跑去买一个。他有洁癖，一天洗手若干次，他总是让自己看上去永远一丝不苟，连头发也梳理得一丝不乱。他总是愿意听别人说他："看！人家过得多细致！"他喜欢别人称赞他并且也自诩为："我是完美主义者。"

事实上，完美主义唯一的好处在于有时能获得比较好的结果，但在你努力取得完美时，你可能会感到紧张、忙碌、不安，发觉很难放松。你很可能对人对己都吹毛求疵，因而损害了你的人际关系和心理健康。而且，你可能害怕失败所带来的不完美境地而拒绝发起向生活的挑战，最终成为一个生活上的彻底失败者。

生活中，如果未能达到某一目标就感到自己在某些方面彻底失败了，因而深深地自责和痛苦。无论做得再多再好也不会令自己满意，而是不断地追求更高的目标。尽管在他人看来你已经十分了不起，但你对自己可能有更苛刻的要求，害怕暴露自己的缺点，只想将自己令人叹为观止的完美无缺的一面呈献在大众面前。这种心理一旦控制你久了，便会给你的精神和身体带来严重的影响，那可能是病态的。

有时候人会被这种在生活中或是工作中吹毛求疵、追求完美的压力所蒙蔽。认为只有做得“更好”些才会使自己更加幸福。其实，大可不必，有时候你的缺陷也是一笔可观的人生财富。

詹姆士·杨原本是新墨西哥州高原上经营果园的果农。每年他都把成箱的苹果以邮递的方式零售给顾客。

一年冬天，新墨西哥州高原下了一场罕见的大冰雹，砸得一个个原本色彩鲜艳的大苹果疤痕累累，詹姆士心痛极了。完了，这下全完了！我将失去所有的顾客和收入了！他越想越懊恼，就坐在地上抓起受伤的苹果拼命地咬起来。他发觉这苹果比以往的更甜、更脆，汁多、味更美，但外表的确难看。

第二天，他把苹果装好箱，并在每一个箱子里附上一张纸条，上面这样写着：“这次奉上的苹果，表面上虽然有些难看，但请不要介意，那是冰雹造成的伤痕，是真正的高原上生产的证据。在高原，气温往往骤降带来坏天气，但苹果的肉质也因此较平时结实，而且还产生了一种风味独特的果糖。”

在好奇心的驱使下，顾客都迫不及待地拿起苹果，尝尝味道：“嗯，好极了！高原苹果的味道原来是这样的！”顾客们交口称赞。

这批长相丑陋的苹果挽救了几乎赔掉一切的詹姆士，而且还以它“特殊”的标志性的模样而广开销路，大受顾客好评。詹姆士也因此大获成功。

其实，生活中尽善尽美的事情少得可怜，大多数事情都有着这样那样的缺陷，让我们感到深深的遗憾。但面对缺陷，我们不可一味气馁，将缺陷与它本身的优势或独特之处联系起来，我们会发现，缺陷原来也有自己独特的味道。

在生活中，事事追求完美可不是什么值得称赞的做法。你努力的方向应该是让自己充满才干、独一无二而不是做什么都有两下子却始终是咣咣當當的半瓶子醋。要记住，虽然你缺点很多，也相当不完美，但因为你是你而不是别人，这点就会让你变得独特和稀有起来。就像那长相并不好看的苹果，其实还是相当内秀相当有内容的呢！卢梭说："大自然塑造了我，然后把模子打碎了。"但是，有太多人违背自我，以别人眼中的"完美"作为自己的目标和追求对象，所以，肯定活得很累。对于生活，大可不必如此，只要保持正常状态拥有一颗知足的平常心，你将轻松许多。而且，接受多数人身上都存在的缺点，你的生活一定能或多或少地得到改观，同样，对自己也尽量宽容一些。学会欣赏自己的不完美才会构建属于自己的生活和天空！那么，从现在开始，学会接受自我，找寻不完美的美丽所在吧。

不在意是人生另一种境界

在生活中，一个人如何对待恩怨，直接反映了这个人境界的高低。不在意别人对你的伤害，原谅那些曾经冒犯你的人，你的人生就会得到快乐。

人生在世，要互相理解，多感激别人的恩惠，不要计较别人对自己的不好。如果人们都能用博大的胸怀原谅别人的过错，哪怕是生命威胁都能不在意，那生活中的一些小怨恨还有什么不能忘记的呢？但是生活中的大多数人还是不能做到完全不受别人影响，很多人都会在意别人对自己的看法，或者是嫉妒、怨恨、误解等等，由此便产生了种种烦恼。

古代有一位妇人，常常因为看不惯丈夫和婆婆所做的事，气的吃不下饭、睡不好觉。于是就去求智让禅师用佛法为自己开阔心胸。

智让禅师把她领到一座禅房中，让她面对佛祖静坐，自己锁上门离开了。

已经过了吃饭的时辰，妇人虽然觉得很饿，但是就不见有人送斋饭来。妇人气得大骂，可智让禅师也不理会。闹了一会，妇人开始哀求，但智让禅师还是置若罔闻。

等妇人闹累了，安静下来了。智让禅师来到门外问："你还生气吗？"

妇人说："当然生气了，饿了也不给饭吃，都怪你想出这么一个馊主意。"

"你丈夫赌博输了钱，你不是气得好几天不吃饭吗，今天你就当是为你丈夫而生气吧。"智让禅师说罢拂袖而去。

过了一会儿，智让禅师又来问她："还生气吗？"

"怎么能不生气了？是你把我锁在禅房里的，为什么让我为丈夫而生气呢？"妇人说。

"今天你不为丈夫生气，可以前为什么总为丈夫生气呢？看来，你还没有想通。"智让禅师说。

妇人说："因为你的错误去生丈夫的气，没有必要呀。"

"对呀，可你为什么常拿丈夫的错误来气自己呢？"智让禅师笑道。

妇人无语。看妇人有所悟，智让禅师才让一个和尚端来斋饭。

夜幕降临了，因为白天的折腾，妇人便早早地准备歇息了。

妇人刚躺下不久，只听得禅房外一阵木鱼声响，吵得妇人不能安睡。

妇人又气的大吵。智让禅师来到门外问："你还生气吗？"

"半夜三更的敲什么木鱼，吵得我不能安宁。"妇人说。

"你就当是你婆婆在唠叨而睡不着也就是了，你骂你婆婆就是，无需埋怨这些和尚。"智让禅师道。

"是你们吵我，为何要骂我婆婆？"妇人说。

"反正受折磨的是你，生谁的气不一样？"智让禅师说罢离开了。

第二天清早，智让禅师一打开禅房，看到妇人静坐在蒲团之上，一脸宁静。妇人见到智让禅师起身施礼道："大师，我明白了，其实丈夫和婆婆做错了事，那就是房内无饭，房外杂声。"

智让禅师听后笑道："你彻底领悟了。"

"房内无饭，房外杂声"是什么意思？那就是"不在意"，如果这位妇人能对丈夫和婆婆做的错事不在意，不把它放在心上，那又有什么烦恼可言呢？

所以，正如佛家所说："不是某人使我烦恼，而是我拿某人的言行来烦恼自己。""事事在意"其实是你拿别人的过错来惩罚自己，当你拥有一个开阔的心胸，学会"不在意"时，你会发现你的人生是如此的缤纷、精彩，生活是如此的温馨、和谐，你会发现你的人生进入了一个新的境界！

第四辑

且行且珍惜，幸福就在此时此地

生命中不断有人离开或进入，于是，看见了，看不见了，遗忘了，记住了，不断地得到和失落。有的人在不断追寻幸福，找来找去却发现错过了太多的东西，所以只有好好地珍惜现在，珍惜当下，才是幸福的人！

珍惜现在，你就是一个幸福的人

我们常常会对自己说：明天我就开始运动，保持一个好的身材和身体；下周我要找个时间出去散散心，摆脱现在的消沉状态；退休后，我要学习书法、去爬山，弥补我现在没有时间去做的遗憾……

亲爱的读者，你们是这样想的吗？总把希望放在明天，对未来有若干计划，而不是今天就开始。如果是这样，那就是对生活的真谛了解的不够透彻。

在浩瀚的海洋里，有一条快乐的金枪鱼，它每天自由自在地在海里游来游去，没事时就和同伴们说着它所经历的故事。累了困了，它就躲在水草里或石缝中休息，自由快乐是它的生活原则。但有一天，一条红金鱼对它说："你知道有一个叫大海的地方吗？"金枪鱼摇了摇头，红金鱼接着说："听说，大海在很远很远的地方，那里比我们这儿大多了，好玩的东西也非常多。只有去过大海的鱼，才能称得上是真正的鱼，你这么会游泳为何不去大海看看。"

"真的吗？"金枪鱼新奇地问。

红金鱼说："是的。你去找找吧。"

于是，这条快乐的金枪鱼开始去寻找大海，它游啊游啊，每天疲惫得要死，但并没有看到它要找的大海。有一天，金枪鱼累极了，看到一条正在悠闲漫游的鱼，就问它："你知道大海在哪里吗？"那条鱼一听就笑了，说：

"你现在就在大海里了呀！"

很多人就好比这条金枪鱼，无法关注“现在”，他们心有杂念，浮躁不安，总是为了未知的未来而心神不宁。

人生的快乐不是挂念过去，也不是憧憬未来，而是活在此刻，享受此刻。从某种意义上说，无论是过去还是未来，都是由现在决定的，只有抓住了现在，人生才会有快乐的过去和顺畅的未来。快乐，其实很简单，肚子饿得不行的时候，有一碗热腾腾的面条放在你眼前就是快乐；累得半死的时候，躺在软绵绵的床上就是快乐。只要用心地去感受，敏锐地去观察，你就会发现，原来，快乐早就在自己身边！

俄国作家屠格涅夫曾说：幸福不在明天，也不在昨天，它不怀念过去，也不向往未来，它只在现在。把握当下的幸福，才是真实的幸福，无限地憧憬明天，幸福永远也靠近不了我们——在我们一门心思准备迎接将来的某一天到来的时候，往往会忘记、忽视眼前的一切。逻辑学告诉我们，未来永远不会到来；我们也够不到未来，无法将它拉到面前。对未来的担忧只是我们的想象，谁也不知道未来真正会发生什么。

有个很有意思的现象，年轻时，我们习惯说“等到……的时候”，对未来抱有无限的幻想；到了老年，就变成说“过去……的时候”，对过去无限怀念。然而无论是未来将怎么样，或者过去曾经怎么样，结果都是一样的——我们因为没有关注当下而错失了最真实的现在。不珍惜当下，只会错失当下，只会把每一个经历着的现在变成留有遗憾的昨天。

在外人看来，张瑞的条件已经很不错了，任职部门经理，月收入中等偏上，在五环外买了一套房，可以随心所欲地打车上下班。但却常听到他在抱怨自己不够富有，觉得自己的职务低、收入少，和同学们相比混得太差，房子不在市区内，等等。总之，张瑞对当下自己所有的都不满足，因此，常常不开心，在酒精中寻找快乐。

后来，有一个在酒桌上认识的、仅见过几面的朋友介绍给他一笔买卖，说能够让他大赚一笔。但谁料却是一个骗局，他成了一起刑事案件的参与者。职位丢了不说，还卖了房子作为赔偿金，并面临五年的牢狱之灾。

我们总是在渺茫的期盼中寻找关于未来的幸福，其实，这是错误的见解。试问，谁可以担保，一旦脱离了现有的位置，就可以得到幸福？

享有现在所有的安乐、幸福，不要梦想着明天不可期的富贵生活；享受今天简洁舒适的衣服，不要妄想明天不可期的锦衣狐裘。踏踏实实地过好每一刻，比不切实际的计划和妄想更适用于自己的生活。

17 世纪法国科学家兼思想家巴斯葛在《沉思者》一文中有这样一段话："我们向来不曾把握现在：不是沉溺于过去，就是殷盼着未来；不是拼命设法抓住已经如风的往事，就是觉得时光的脚步太慢，拼命设法使未来早点降临。我们实在太傻，竟然流连于并不属于我们的时光，而忽视唯一真正属于我们的此刻。"

是的，过去曾经美好，可是那已经过去了，而未来则根本还未来临。过去与未来并不存在。它们只是"曾经存在"或"可能存在"的状态，唯一存在的就是现在。那我们为什么不趁现在把握一些幸福呢？

有的人在得不到的时候，总是垂涎三尺。却在拥有的时候，不去珍惜，当一切都成为过眼烟云的时候，才会有所觉悟，后悔不已。

不用苦苦寻找，幸福其实就在身边

人生的目的是幸福。幸福大多是主观的，它原本就深植于人们心中、在生存需求的满足中，因而幸福无所不在。

人有生理上的需要，所以离不开物质生活。尽管金钱能买到一切物质的东西，可以充实人的物质生活，但是人的精神生活，却不是有了钱便能满足的。

人生在世，重要的不是过得如何舒服，活得多么安逸，而是要活得心安理得，快乐充实，充分地把生命的价值发挥出来。

真正幸福美满的人生，是来自不能用金钱去衡量的智慧和修养。金钱无法购得知识和学问，不能增进人的道德水准和涵养程度。

有个叫杜朗的人曾叙述过他寻找幸福的经历：他先从知识里寻找，得到的是幻灭；从旅行里寻找，得到的是疲劳；从财富里寻找，得到的只是争斗和忧愁；从写作中寻找，得到的只是劳累。

难道知识、旅行、财富、写作，与幸福快乐绝缘吗?

后来的一次偶遇改变了杜郎的想法，一次在火车站，他看到一位中年男子走下列车后，径直来到一辆汽车旁，先吻了一下车内的妻子，又轻轻地吻了一下妻子怀中熟睡的婴儿——生怕把他惊醒。然后，一家人就开车离开了。杜朗由此感慨道：生活中的每一个正常活动都带有某种幸福的成分。

对于某个人来讲，你可能是幸福的、满足的，也可能是不幸福的。决定你幸福与否的因素只有一点——你接受积极还是消极心态的影响，而这个因素是你所能控制的。

有一个老人在临死前对儿子说："孩子，我快死了，我希望你过上好日子。"

儿子说："父亲，你告诉我，怎么才能使生活幸福?"

父亲答道："你到社会上去吧，人们会告诉你找到幸福的办法。"

父亲死了，儿子就出发了，到外面的世界去找幸福。他走到河边，看见一匹马在岸上走，这匹马又瘦又老。马问他："年轻人，你到哪里去?"

"我去找幸福，你能告诉我怎么找吗?"

"小伙子，你听我说，"马回答道，"我年轻时，只知道饮水、吃草籽，我把头转到食槽里，就会有人把吃的东西塞进我嘴里。除了吃以外，别的事我什么也不管。所以，当时我认为在这个世界上我是最幸福的了。

可是现在我老了，别人把我丢弃了。所以我告诉你，年轻时要珍惜自己的青春，千万不要像我过去那样。不要享受别人给你准备好的现成东西，一切都要自己干，要学会为别人的幸福而高兴，不要怕麻烦，这样，你就会永远感到幸福。"

年轻人继续走下去。他走了很多路，在路上碰到一条蛇。蛇问他："小伙子，你到哪里去？"

"我到世界上去寻找幸福。你说，我到哪里去找呢？"

"你听我说吧，我一辈子以自己有毒液而感到自豪。我以为比谁都强，因为大家都怕我。我这种想法是不对的。其实大家都恨我，都要杀死我。所以，我也要避开大家，怕大家。你的嘴里也有毒液，所以，你要当心，不要用语言去伤别人，这样你就一辈子没有恐惧，不必躲躲闪闪，这就是你的幸福。"

年轻人又继续朝前走了。走啊，走啊，看见了一棵树，树上有一只加里鸟——它的浅蓝色羽毛非常鲜艳、光亮。

"小伙子，你到哪里去？"加里鸟问。

"我到世界上去寻找幸福。你知道什么地方能找到幸福吗？"

加里鸟回答说："小伙子，看来你在路上走了很多日子了，你的脸上满是灰尘，衣服也破了，你已变样了，过路人要避开你了。看来，幸福同你是没有缘分了，你记住我的话：要让你身上的一切都显得美，这时你周围的一切也会变得美了，那时你的幸福就来了。"

年轻人回家去了，他现在明白：不必到别的地方去找幸福，幸福就在自己身边。

心理学家说：幸福与心态的积极与否密切相关。如果一个人决心获得幸福，那么就能得到幸福。而心态消极的人不仅不会吸引幸福，相反还排斥幸福。即使幸福悄然降临到身边时，也会毫无觉察，或者失之交臂。幸福是当我们对自己及周围环境或人生目的感到满足、和谐的一种状态。人生的幸福大多是主观的，因而幸福无处不在。

快乐犹如一尘埃，只要伸手就会接住

只要你用心去寻找，很快就会发现：快乐其实很简单。一句问候、一抹微笑、一汪眼神、一段文字都会让你感觉到快乐。当我们有苦恼的时候，要相信获得快乐很简单，学会寻找快乐，而不是听凭坏心情折磨自己。快乐就像毛毛雨，只要伸手就会接住，快乐其实如此简单，它就在你身边。

乔治夫人是华尔街一家银行负责公共关系的雇员，她的办公桌就放置在银行大门内进口处的右边。乔治夫人看起来就是一个快乐的人，因为她每天总是面带微笑，耐心地解答顾客提出的各种问题。

在乔治夫人的办公桌上方有一个镜框，里面有一篇题为《一个微笑》的箴言：

"一个微笑不费分文，但给予甚多，它使获得者富有，但并不使给予者变穷。一个微笑只是瞬间，但有时对它的记忆却是永远。世上没有一个人富有和强悍的不需要微笑，世上也没有一个人贫穷的连微笑都没有。一个微笑为家庭带来愉悦，在同事中滋生善意。它嫣然地为友谊传递信息，为疲倦者带来休息，为沮丧者带来振奋，为悲哀者带来阳光，它是大自然中去除烦恼的灵丹妙药。然而，它却买不到，求不得，借不了，偷不去。因为在被赠予之前，它对任何人都毫无价值可言。有人已疲惫得无法给你一个微笑，请你将微笑赠予他们吧，因为没有一个人比无法给予别人微笑的人更需要一个微笑了。"

乔治夫人的一个同事这样说道："从乔治夫人那里，我学会了微笑的技巧，也找到了属于自己的快乐。这改变了我的人生，我现在不但自己快乐，也给别人带来了快乐。”

怎样才能让自己变成一个真正快乐的人，不是一门高深复杂的学问。在乔治夫人看来，快乐很简单——只要学会微笑，就能获得快乐。保持微笑，是一种最美丽的生活姿态，它会让你忘记所有曾经的和正在发生的不愉快，乐观地对待你周围的一切。那么，就请学会快乐地微笑吧，对山笑、对水笑、对天笑、对地笑、对黎明笑、对黑暗笑、对成功笑、对失败笑……你就会永远生活在快乐中。

在美国经济最萧条的时候，保罗失业了，他情绪低落，可能除了拥有一份好工作外，再也没有什么能让保罗开心的了。

在一个晴朗的下午，太太琼斯还有小女儿茱莉亚邀请他一起去公园散步。

小女儿茱莉亚对着情绪沮丧的保罗说：“爸爸，我们步调一致好吗？来，一二一……”

于是，他们沿着公园走着，三人挺胸抬头，步履轻快。

“抬头挺胸走路真有趣！”保罗说。

他们走了约一里多的路，三人觉得全身舒畅，充满活力。

当他们走过莱特大厦和古根汉姆博物馆时，茱莉亚说：“爸爸，看，多美啊！”

这儿，是保罗以前上班必经的地方，之前，他都是匆匆地赶时间上班，从没想过这些建筑物有多特别，听茱莉亚一说，他便抬头又看了一次。这时，保罗笑了，他突然理解伟大的建筑师莱特注入在这个建筑中的人生乐趣。

不知道为什么，保罗第一次觉得开始喜欢上它了，而这可能是当时他发自内心的感觉。建筑物高高的尖顶直入云霄，保罗从中感觉到一种振奋，他忘记了失业的苦闷，心中洋溢着快乐。

后来，保罗又回到了原来的地方上班，每次路过莱特大厦和古根汉姆博物馆时，只要一抬头，他就能感受到快乐。保罗因此常说：“快乐很简单，就是一抬头的事。”

看看，快乐是件多么简单的事呀！的确，人生的很多趣味和欢乐就蕴藏在生活的细微处。你偶尔经过的街道，始终矗立在你面前的山梁，这些都会蕴含人生的情趣，让人从中得到快乐。快乐如此简单，为什么不选择快乐呢？

在生活中，让人感到快乐的事情有很多，那些抱怨自己为寻找快乐劳累不堪的人，不是没有真正地找到快乐，而是快乐太简单了，以至于他们忽视快乐的存在，不懂得珍惜快乐。

一位商人在一条常走的山道上经常会遇到一位樵夫，每次遇到樵夫，樵夫的脸上总是挂满微笑。

有一次，商人路过此地时，终于按捺不住好奇心，他走到樵夫面前问："老伙计，你穷得叮当响，为什么却那么快乐呢？我非常富有，却很少有开心的时候呢？难道你家藏有价值连城的宝贝吗？"

听到商人的问话，樵夫哈哈一笑说："我哪有什么无价之宝呀？我倒想问问你，你那么富有，为什么却整天愁眉不展呢？"

商人沮丧地说："我有什么快乐可言呢？我虽然妻妾成群，但她们整天只会为争风吃醋吵个不停，没有一个人关心我。我年过半百还没有子嗣，因此我时常感觉很孤独。虽有家财万贯，但却觉得自己还是一无所有，活得不开心。"

樵夫道："我可没有你有钱，但我很快乐，因为我的家人都是我的靠山。"

商人问道："你的妻子一定贤良淑德。"

"不不，我是个光棍汉。"樵夫回答说。

"那你一定有个爱你的漂亮女朋友。"商人肯定地说。

"也没有。但是的确有个女孩给我带来了快乐，她给了我一件让我开心的'宝物'。"樵夫说。

"是吗？"商人好奇地追问道，"是女孩给你的定情信物、一个香吻、还是……"

"那个女孩很漂亮，是住在一个村子里一位富豪的千金，我从来没有和她说过话，我很喜欢她，但我知道我配不上她。女孩离开这里前，向我投来含情脉脉的一瞥，这就是让我开心的‘宝物’！”樵夫快乐地说道。

商人简直不敢相信樵夫的话，眼前这个快乐的人竟然为了姑娘的一瞥而快乐成这个样子。他问樵夫："难道这一点就能让你满足吗？"

樵夫默默地点点头说："对我来说，惦记就是快乐，何必要拥有呢？"说着，樵夫脸上再次露出快乐与满足。

一位名人说过："人生最大的快乐不在于占有什么，而在于追求什么的过程。"樵夫就是懂得如何获得快乐的人。试想，如果樵夫看见自己心仪的女孩走后，整日里想着女孩沉溺在相思中，他是不是将会比富翁更难过？

快乐真的很简单，只要你静静地感受，快乐就在你身边，关键看你能不能发现，懂不懂得享用和体味。你可以让自己置身阳光下，就算寒风习习，你也能感受到温暖的抚慰；你可以到海边吹吹海风，就算风里夹着腥味，也能感受到大海的磅礴；你可以坐在书桌面前写着自己喜欢的文字，就算文笔并不是很优美，也能享受到创作的喜悦……用如水的心境，以置身世外的心情，感受着世间的点点惊喜，滴滴快乐……很多时候，快乐就在距离你很近的地方，甚至可以说是伸手可得。

惜福就有福，别辜负了现在

人生在世间，福报究竟有多少？不要单纯地认为自己家财万贯就可以随意挥霍，有一天福报享尽，就会一无所有。一个人的财富、爱情、福寿就好比银行存款，如果浪费无度总有一天会枯竭，所以要懂得惜福，虽是滴水，也不废弃。只有懂得惜福的人才会得到真正的幸福，油盐酱醋、虫鱼鸟兽、世间万物都有自己存在的价值。

有一个少年，总是幻想未来而忽略当下的存在。有一天，少年又在想：“我要在20岁找个漂亮的女朋友；30岁成家立业；40岁成为亿万富翁！”正在这个时候，佛祖出现在他眼前，给了他一只表，对他说：“当你想要时间变快的时候只要拨动这只表，就可以如愿以偿了！”

少年非常高兴，想自己快点到20岁，于是他就将手里的表向前拨动了一格，这时有一个漂亮的女孩出现在他的眼前，于是就成了他的女朋友。少年想：“如果现在就能结婚就更好了。”他急忙又转动了表，婚礼上，他与漂亮的女孩并肩而坐，悠扬的音乐和醉人的美酒都出现了。少年又想：“现在如果就是洞房花烛夜多好呀！”于是他再一次转动了表。他的欲望是无止境的，后来又得到了宽敞的房子、大把的钞票、吵闹的孩子……

一眨眼时间过去了，这个少年所有的愿望都如愿以偿了，但是生命也将走到尽头。弥留之际，他后悔当初没有认真地享受生活，转眼生命已经到了尽头。如果可以重新来过，他一定会认真地活在每一天，但是一切都已经来不及了，因为那个神仙告诉他，那块表只能向前转，不能向后调。他躺在床上后悔莫及，痛哭流涕。

突然间，他醒了。原来只是一场梦，少年欣喜地发现自己又可以享受生活的鸟语花香、蓝天白云了，这是多么可爱的一切呀！

一场梦让少年懂得了“当下”的意义。活在当下，就是全心全意地投入现在的生活，这样才不会让过去扰乱精神，阻挡着前进的步伐，更没有被未来强拉着盲目地狂奔。

智者说“活在当下”。你可能会问，到底何谓“当下”？“当下”是指：你身边的人，你正在做的事，你所待的地方。而“活在当下”就是要你关注周围的这些人、事、物，全身心地投入到你所做的事中，善待周围的人，以欣赏的眼光关注你周围的万事万物。

也许你会觉得这一点也不难，因为它们一直和你相伴。但我想问你，你是不是一直来去匆匆，做任何事都没有耐性。你有没有经常对自己说，“革命尚未成功，同志仍需努力”，你要为所谓的伟大志向而劳于奔命，不愿意把多余的时间浪费在这些无聊的事情上面。

古代有一对父子都是朝中的大臣，位高权重，因而父子二人同恶相济，以权谋私，残害忠良，为非作歹。他们利用自己的职务之便贪赃枉法，以致富可敌国。

在生活上，他们也是极其的奢靡和浪费，真是“朱门酒肉臭，路有冻死骨”啊！家中佣人和门客不计其数。他们家里每天都要浪费掉大量的粮食和鱼肉。

在他们家附近有一座寺庙，寺庙里的和尚每天都从高官家厨房外的阴沟里捞白米，然后洗净晒干，并储存起来。日子久了，他们从阴沟里捞起的白米竟然堆了满满一屋子。

后来父子俩的奸情败露，父亲被罢了职，儿子也被砍了头，万贯家财都被收归国库。父亲从此穷困潦倒，无依无靠。由于他坏事做的太多，没有人愿意同情他、可怜他，也没有人施舍一点点食物给他。

后来，寺庙里的方丈慈悲为怀，收留了他。他长期在庙里吃喝，觉得很是难为情。于是惭愧地对方丈说：“以前我做官时，没有积一点点功德，现在却在这里白吃白喝，实在惭愧。”

方丈笑着说：“你不用惭愧，你吃的是你自己的，请跟我来。”

方丈领着那个父亲来到堆满大米的屋子，对他说：“这里的大米都是你家阴沟里流出来的，我们把它淘洗干净，并晒干后储存在这里，这些够你吃上七八年了。”

那个父亲听了，低头不语。

所谓“惜福”，就是要珍惜你手中的福气和身边的一点一滴，好好地珍惜你现在所拥有的一切，包括你的生命。在现实中，很多人似乎很少去想已经拥有的东西，而是习惯于将眼光放到更远的地方，好像那里才有幸福和快乐。

可以“穷开心”，让自己时时好心情

很多人都这样认为：薪水太低了，让自己没有一点儿财力；工作太忙了，累得自己没有了精力；高物价、高节奏的生活让自己压力山大。于是，天天在压力中喊着“郁闷”过日子，而当郁闷排山倒海地压过来时，喘不过气的人就开始苦心寻觅“解脱”的策略，开始“穷开心”“假装好心情”，有人会说：“今天，你抑郁了吗？如果有，别忘了告诉自己‘我很快乐’，那么，快乐就真的会马上降临了。”

有人可能要问了：告诉自己快乐，就会真的快乐吗？快乐能佯装吗？佯装的快乐能成为真的快乐吗？是啊，伪装快乐有什么用，摆在眼前的问题并没有因为“穷开心”“假装好心情”的快乐而有丝毫的改善，不快乐仍然如影子般紧紧地跟随着自己，怎么办？

其实，不妨仔细思量一下：无论快乐与否，日子总要继续，该面对的事情还是要面对。既然如此，那么，倒不如用一种更为乐观的方式来面对，满怀信心地告诉自己，一切都会过去，一切也都会好起来，这样一来，事情也许会在一种热情积极的心态的推动下获得转机。

这也就是人们常说的“难得糊涂”，假装快乐也是快乐，“穷开心”“假装好心情”大有“以假乱真”的功效。所以，当生活中的不如意出现时，与其把注意力集中到事情的本身上，不如转而关注自己的情绪本身，因为改善情绪比解决问题更重要，只有调整好情绪，才有精力去解决事情，不是吗？

三里店是一个小村，坐落在大别山深处，交通不便，只有几十户人家。几十年前，那里家家穷的叮当响，人人穿不暖吃不饱。一到冬天，人们都“宅”在家里，空着肚子，焦急地等待着春天的到来。

村里有个叫金正法的年轻人，一天，他挨家挨户地找到自己的同龄人说：“到我家去喝酒吃肉。”

人们很诧异，大家都知道，金正法是村里最穷的一家，哪来酒肉招待大家呢？况且大家都很穷。虽然充满疑惑，但金正法的话还是很有诱惑，于是，一群年轻人来到金正法的家。

来到金正法家一看，原来，所谓的肉，就是在碗里放上肉一样的木块，还有鹅卵石充当鸡蛋。所谓的酒，就是白开水。

一群年轻人在失望之余，倒想起了小时候过家家，于是干脆就坐下来，开始“吃喝”起来。这群年轻人开心极了，有的还唱起了地方戏庐剧。

村里有人说，这群孩子真是穷开心。但是，从那以后，一到冬天，金正法的家就会热闹了起来，这群年轻人不再空着肚子蜗居在家里，而是开心地像演戏一样吃喝，像演员一样唱戏。金正法的家成了戏场，成了乐园。这样的局面，一直延续到改革开放后。

看看，水当酒，木当肉，“穷开心”也就能真开心。其实，生活是一场漫长的旅行，而逆境只是你人生旅途中的一个驿站，只是偶尔掠过的一段风景，它停留须臾就会过去。也许你会有失落感，会有沮丧和伤感，但是，没关系，佯装快乐地继续前进吧，你会发现，这些坏情绪其实很快就会成为过去。

你可以试一试：早上醒来的时候，第一件事就是拿着镜子对着自己笑，并在心里告诉自己，今天又将是美好的一天，于是一天的时光便在微笑中开始了。这是调节心情、调节情绪最行之有效的方法。假装快乐可以变成真快乐，习惯在于培养。所以，常常伪装快乐，快乐就会成为生活的习惯。

人们常说“快乐是一天，痛苦也是一天”。当困境对我们的身心进行双重攻击的时候，我们又何必还要自己折磨自己、往自己的伤口上撒盐呢？

平凡的日子也能品出生活的滋味

生活本身的确是五味俱全、丰富多彩的，但做人的情操和理念却是自己可以牢牢把握的，用一个端正的态度去面对生活中的每一件事情，平和地对待生活中的每一件事，对身边的人永远保持一种真诚、友爱、宽容、健康的心态，真正用心去感受和体会生活所授予我们的恩赐。

从前，英格兰有一个磨坊主杰克，虽然杰克整天在满是灰尘的磨坊里忙忙碌碌，但是他总是那么的乐观，周围的人都被他所感染也都乐观起来了。杰克愉快的生活方式被这一带的人谈论着。国王听说了这件事情就找到了杰克向他请教怎样才能够快乐。

他走进磨坊时，正听到杰克在唱："我不羡慕任何人，不羡慕，因为我要多快活就有多快活。"

国王说："只要我能够像你一样快乐，像你那样无忧无虑，我愿意和你换一下位置。"

杰克给国王深鞠了一躬说："国王陛下，我是不会和您换位置的。"

国王说："你居住在这样的环境里为什么还会如此高兴、快活呢？而我已经是国王但每天还是会烦恼、忧心忡忡。那么，告诉我，是什么使你这么快乐，而我身为国王，却每天都忧心忡忡，烦闷苦恼。"

杰克又笑了，说道："陛下，我不知道您为什么烦恼，但是我能够告诉您我为什么每天都这样高兴。这里有一条迪河，它每天使我的磨坊运转，磨坊把谷物磨成面，我通过我的努力养活着我的妻子和孩子，和周围的朋友相处的非常融洽。我为什么不应当快活？"

“不要再说了，你这顶落满灰尘的帽子比我这顶金冠更值钱。如果这个世界的人们都像你这样快乐，那么这个世界该多么的美好啊！”

幸福与世俗的一切、与一切的物质都没有什么必然联系，它与我们自己的内心有关。

其实，在和平年代里对于大多数的人来说，只要内心充满阳光，用积极的心态去面对这个世界，就已经是幸福了。如果你身体健康，没有疾病，那么你很幸运，所以对生活你应该懂得感恩。如果你有食物可吃，有房子可以住，有衣可穿，那么你还算富有，所以你应该对生活感恩。如果你从未经历过战争的残忍、牢狱的孤独、酷刑的折磨和饥饿的滋味，那么你的处境还比较好，所以你应该对生活感恩。如果你钱包里有票子，口袋里有零钱，银行里有存款，那么你就是一个非常幸运的人，所以你更应该对生活感恩。当你对生活充满了感激时，你会觉得自己得到了很多很多，你会觉得自己是可爱的，那么就是一个幸福的人，所以你应该对生活感恩，纵然生活中有风有雨，你也不会害怕，因为命运并没有抛弃你，你依然有那么多爱你、支持你的人……

哈佛大学曾做过这样一项调查，调查人员给调查的对象打了个电话，问道：“你现在正在干什么？”“上班。”“上班感觉怎样？”“枯燥乏味，无聊透顶。”“那你希望干点什么？”“当然是等下班之后和朋友一起去酒吧。”

两个小时后，调查人员又打了他的电话：“你现在干嘛？”“和同事在酒吧。”“感觉该好些了吧。”“都是聊着一些比较无聊的话题，我正打算去找女朋友。”

过了一小时，调查人员再次拨通了他的电话：“和女朋友在一起快乐吗？”“有个女同事打来电话向我询问工作上的事情，女朋友误会了非要我解释清楚。你说这能不烦吗，我还是回家得了。”

到了晚上，调查人员的电话刚拨通，还没等开口他就说：“别问了，很没劲，还是上班好，明天工作努力点儿，好让薪水多增加点儿。”

其实，我们所做的每一份工作都有它的乐趣，我们应该换一个角度去看待工作，也应该学着珍惜。如果有一天我们努力多日的工作圆满地结束，我们推开窗呼吸新鲜的空气，花香扑鼻而来，请不要忽略这一刻，因为这就是幸福。让我们慢慢品味它，享受它，并且收藏它吧。

生活乐趣应从微小事物中去寻求：美味的食物、真诚的友谊、温煦的阳光、欢愉的微笑。除非获得你的允许，没有人能够令你苦恼。人的一生是一个不断感动的过程，也是一个不断寻找自我的过程。你只有在真正面对自我感情的时候才会由衷地感动。

不要怀疑，幸福就在那一瞬间

幸福是我们一生都在追求的目标。但是，对于什么是幸福，每个人却有各自不同的见解。正是这丰富多彩的见解，才让幸福充满了神秘感，变得让人难以捉摸。

我们总是喜欢借鉴他人的经验去判断自己的生活，这是我们作为社会人的一个主要特征。我们总是希望自己符合他人的期望，因为，我们会觉得只有满足了他人的要求，我们才实现了自身的价值，我们才可能获得幸福。

哈佛大学的泰勒·本－沙哈尔博士一直在倡导积极心理学，他所开设的课程成为哈佛大学最受欢迎的课程之一。沙哈尔博士所著的《幸福的方法》是探讨幸福的著作。在书中，他讲述了引起自己探讨幸福的动机，沙哈尔博士说：

“在我小的时候，人们特别羡慕壁球赛的冠军，所以，我觉得如果我能取得这个赛事的冠军，那么，我一定会获得其他人的称赞，我一定会获得幸福。16 岁那年，我终于夺得了全国壁球比赛的冠军，但也是这个冠军改变了我对幸福的认识。

“我一直认为，胜利会给我带来充实感和幸福感，所以，在从事壁球运动的时候，我总是刻苦训练，希望有朝一日用胜利来充实内心的空虚。如我所愿，在得到冠军后，我欣喜若狂。我对自己的信念更是深信不疑——胜利可以带来快乐和幸福。

“可是在我晚上睡觉的时候，我尝试着再去回味一下那种胜利后的喜悦。忽然间，那胜利的感觉，那梦想成真的快乐一下子消失得无影无踪。我再次陷入到空虚、迷惘的境地。我想，如果在如此顺利的情况下尚且不能感觉到幸福的话，我将到何处去寻找幸福呢？”

是啊，如果在顺境中我们尚且得不到幸福，那么，我们怎么样才能得到幸福呢？是否会有一种永恒的幸福呢？我们终究能得到幸福吗？

当我们如此怀疑幸福的时候，我们已经丢失了幸福。

幸福是一种过程，就像真实是一种过程一样。我们不可能一下子就看到事实的真相，而是要随着事件的不断发展，来逐步了解事件的真实。幸福也是如此。幸福不是一刹那的感觉，也不是一瞬间的永恒。它总是在不同的情绪之间缓慢地酝酿。我们不应该怀疑一瞬间的幸福，也不应该拒绝一时的悲伤。它们都是我们通往永恒幸福的必然之路。如果我们选择怀疑自己此时此刻的幸福，那么我们必将永远失去幸福。

有一个年轻人曾懊恼地说自己非常幸福，但是自己的怀疑毁了自己的幸福。事情是这样的：

这个年轻人和一个姑娘相恋了，他们彼此相爱，感觉十分幸福。为了获得更多的幸福，他们决定结婚。婚后，他们买下了一幢公寓，而且经常出去旅游，这个年轻人觉得自己是世界上最幸福的人。

可是，当他和自己的朋友聚会的时候，他经常听到朋友对自己说，“你们现在确实很幸福，可是看看琼斯他们两口子，看看史密斯他们一家，他们都曾经和你一样幸福，甚至看起来比你更幸福。可是，你再看他们现在，你觉得他们现在幸福吗？”

这样的话，年轻人听了很多。他慢慢开始怀疑自己是否真正的幸福，或者自己目前的幸福只是在预示着日后的不幸。他发现，当他这样的想法越来越强烈的时候，他的生活也开始每况愈下了。他开始和妻子争吵，他们两个又相继丢了工作，不得不变卖了公寓搬回到自己母亲家里。

这个年轻人是不幸的，然而，他也是幸运的。因为，他已经认识到是自己的怀疑导致了自己目前的不幸。如果这个年轻人运用选择的力量，摒弃朋友们那些消极的影响，那么，我相信，这个年轻人还可以重拾幸福。

幸福是什么？这是个亘古不变的问题。虽然有人给幸福下了定义，但是大多数人仍然无法得到幸福。幸福或许就是我们一瞬间的情绪。这种情绪或者是开心，或者是兴奋，总之它能让我们心情舒畅。我们总是害怕失去这种一瞬间的情绪，所以我们总是怀疑自己是否有能力抓住自己的幸福。殊不知，当我们开始害怕失去一种东西的时候，我们正在失去它。我们怀疑自己的能力，我们怀疑事物的真实性，这种怀疑会导致我们失去正确的判断。正如同热恋中的少男少女，虽然他们彼此情投意合，但还是不断地怀疑这份感情，想出种种方式来验证这份感情，结果，他们大多数人亲手毁掉了自己本来幸福的感情。

如果你想拥有幸福，那么在拥有的那一刻，你就不要再去怀疑。

第五辑 爱在点点滴滴，真爱不在轰轰烈烈

相信有许许多多的人都会问：什么是爱？其实，爱在点点滴滴，爱不需要轰轰烈烈；爱是责任、是分担；爱是一家人在一起过着简简单单、柴米油盐酱醋茶的生活，遇到困难时共同分担；爱是吵吵闹闹之后的包容和理解。

爱，就是按对方所需要的付出

在佛家看来，真爱就是给予别人喜悦、幸福。也就是说，对于自己的所爱，不将自己的意愿强加给他，不要给你爱的人不需要的东西。生活中，很多人会有这样的困惑：明明自己付出了很多，却被对方斥责为“不爱”。其原因就是没有看到，付出也要按人所需，这样才会有价值。所以要注意观察，学会聆听，这样就能知道做些什么会使自己的所爱幸福，做些什么会使自己的所爱不快乐。

在南方，有很多人特别喜欢吃一种叫榴莲的水果，它的味道很特别，北方人很难适应这个味道，而在南方有很多人吃完榴莲后还把皮留下，以便可以继续闻到那味道。对一些人来说，榴莲的味道却让人害怕。有一天，一行禅师在南方的一座庙里念经，供桌上放着一个硕大的榴莲，一行禅师一点也没办法让自己专下心来念经。终于，一行禅师就从佛堂里找了一个东西盖住那可怕的东西，禅师才能继续诵经。大师后来和人调侃说：“因为你敬爱我，对我好，所以请我吃榴莲。但我却无法感受你的好。”

这就是一个有爱心无爱果的例子。本意是很好，但没有考虑到别人的需要。没有考虑到别人的需求，爱就会很盲目，这样的爱就不是真爱。生活中，付出也要按人所需，这样才会有价值，这样才能给你所爱的人带来幸福和喜悦。

他们恋爱好几年了，女孩不顾家人的反对，执意要嫁给贫穷的他。因此，他们举行了简朴的婚礼。没有靓丽的结婚照、没有花车，更没有高朋满座。从此以后，她跟他就过上了简朴的生活。

第二年，女人有了身孕，可男人却失业了。面临着经济方面的拮据，男人开始到处去打工，而女人每天在家门口耐心等待着心爱的老公回来。女人并没有感到寂寞，因为男人每次回来都是给女人带一些东西，有时就是在路边采的一朵野花，这也让女人开心很久。

渐渐地，生活好了起来，男人送的不再是路边的野花，取而代之的总是鲜艳的玫瑰，在特别的日子，女人还会收到一大束。而女人，每次男人回来，给男人一个拥抱、一个亲吻成了她的习惯。两个人总是如胶似漆、卿卿我我。

十几年后，男人有了自己的事业，并且如日中天。事业的繁忙，使他开始顾不上自己的妻子。在他的眼里，家中富有，妻子好像也不缺什么。可是，就在他四十岁那年，妻子突然提出了离婚。男人无法阻止妻子，问妻子要什么。妻子说自己只想回老家照顾年迈的父母，在这个家里，她没有什么可要的，唯一要带走的就是堆放在阁楼上那几麻袋东西。

丈夫很奇怪，半夜里偷偷地爬到阁楼上翻开麻袋一看，里面装的都是烘干的花瓣。原来，女人把丈夫送给她的鲜花风干后都留了下来，十几年来攒了好几袋。男人明白了女人要离婚的原因。

第二天，男人乞求女人再给他几天时间考虑考虑，女人勉强答应了。第二天，女人收到有生以来最大的一捧玫瑰，男人在卡片上写道：“这是对你这一年多时间的补偿！我忽视你，并不代表我不爱你。”女人再没有提离婚的事，而男人呢？不管工作有多忙，也不会忘记给妻子买一束鲜花，或陪妻子去喝一杯咖啡，就是实在没有时间，他也会在短信中对妻子说一句：“我爱你！”

在女人眼里，爱自己不是让自己衣食无忧，而是送自己一朵玫瑰花。男人忽视了女人的需求，自然让女人感觉不到真爱。

每个人的心是一片田野，在这片田野里，埋藏着幸福的种子，只要你用真爱去浇灌，它一定会在你的心田里生根发芽，并开出美丽的花。用你的真爱去浇灌你爱人的心田，同样也会开出幸福的花。学会为真爱播下喜悦的种子，让幸福生长，并保持旺盛的生命力。

世界是苦的，爱一定要学会分担

当你爱一个人的时候，应该懂得本着什么样的心态去爱，用什么样的行动去爱。如果说按对方所需要是真爱的行为，那么有一颗同悲心就是真爱的心态。悲，在佛法中的意思是指帮助别人止息痛苦、减轻忧伤，是带有深刻关怀的。那么，如何将悲化为爱的行动呢？也就是说，在生活中，我们拿什么去止息和转化别人的痛苦，减轻别人的忧伤呢？告诉你，最直接有效的办法就是分担。道理很简单，别人肩负 100 斤的重担，你给他分担 50 斤，他的担子就会轻很多，他就会因为你的分担而减轻重压的痛苦。

从前有个商人要远行，他带了一匹马和一头驴，在路上他让驴驮着所有的东西。驴太累了，于是对马说："请帮帮我吧，为我分担一点身上的东西吧，要不然我会没命的。"马装作没听见。没多久驴被累死了。商人没办法只好剥下驴皮，卖了驴肉，然后将所有的货物连同驴皮都放在了马背上。马后悔极了，哭着说："假如我当时愿意为我的朋友分担一些货物，那我现在就不会这么累了。"

没有分担的世界是苦的，没有分担的世界是冷的，没有分担的世界更是悲惨的。真爱的世界哪能是这样的呢？想想看，当爱人不堪重负的时候，而你却袖手旁观，爱又在哪里呢？分担重担，分担忧伤，分担苦楚，这样才是真爱。

北方有个小村庄，村口住着两户人家。一家，夫妇俩都很健康；而另一家，男人双目失明，女人下肢瘫痪。很多人都以为，夫妇俩都很健康的那一家一定过得幸福快乐，残疾的那一家肯定过得穷苦艰难。但事实恰恰相反，健康的夫妻总是吵架，家庭气氛非常紧张。而残疾的那家人一天到晚总是开开心心，脸上始终闪烁着幸福笑容。于是，身体健全的那家人很纳闷，于是就去问残疾的那家人：为什么我们什么都有了，却不快乐；而你们家过得这么艰难，却能过的这么开心呢？瘫子说，我为什么不高兴呢？我不能走路，但他愿意做我的双腿，让我跟其他人一样看到这美丽的世界；瞎子说，我虽然看不到东西，但是她愿意做我的双眼，让我知道这个世界色彩斑斓。

身体健全的夫妻终于明白了，他们一直都在按照自己的想法生活，从来没有考虑过对方的感受。所以，他们总是相互埋怨，不断争吵。其实，在他们健康的外表下，隐藏着人们看不到的残疾。

当你知道你所爱的人痛苦的时候，你只要紧紧地坐到他旁边，看着他、倾听着他的诉说、感受着他的苦楚。你能与他有心灵沟通和交流，这样，就可以给他带来些许的安慰。在一行禅师看来，真爱中的分担形式是多样的。佛说：“一慈悲的话、行动或念头，就可以减缓另一个人的痛苦，带给他喜悦。言语可以带来安慰和自信，摧毁疑虑，帮助他人避免犯错，或是打开解脱的大门。”

分担是真爱的抓手，是慈悲的体现。拿什么爱你的父母、你的子女、你的朋友、你的爱人？很简单，为他们分担就可以了。人生的路要走很长，也很艰难，只要学会分担，就可以走得更远。

世上的任何一个人，不管他有多少财富，有多大能力，都有需要他人帮助的时候。很多时候，人与人在一起不是需要享受，而是需要分担，这是人与人相处最大的意义。亲情也好，爱情也罢，唯有分担才有真爱。

两情相悦，胜过房子、车子和票子

每个人都希望自己的婚姻充满层出不穷的激情，这是很多夫妻向往的婚姻生活。对于一个家庭来说，婚姻充满激情，会让夫妻更加和睦，家庭更加温馨……营造生活的激情不是难事，一句风趣的话，就会让夫妻俩受用无穷。

婚姻是什么？是把一对男女约束在一起的一张纸，还是“生死契阔，与子成说。执子之手，与子偕老”的一句坚定承诺；是快乐的港湾，还是爱情的坟墓。

每个人都希望婚姻幸福，因为婚姻幸福了，生活质量才能提高。但又有多少人有幸福的婚姻呢？怎样才能让自己的婚姻更幸福呢？

有人用缘分来作为两个人结合的理由，这使得大多数人认为婚姻是上天的安排，不受人为的把握。这种态度是错误的，婚姻也需要保护，需要经营，它的幸福与否，往往取决于两个人的努力。因为婚姻从来就不是静止的，犹如两个普通人的感情，他们可能是一对很好的朋友，但如果在相处的过程中，不知道时刻去维护友谊，那么他们的友谊迟早会破灭。夫妻之间的感情也是这样，不能靠缘分和天定，在婚姻生活中，两个人都是掌握快乐的主导者。

结婚之前，尹小姐对自己的男朋友非常满意，心里很是欢喜，她认为自己找到了一个完美的男人，自以为将来的婚姻生活一定会很幸福。

可事与愿违，经过婚后一段时间的相处，尹小姐越来越觉得，婚后的先生和婚前大不一样了。尹小姐说，婚前，先生特别勤快，而且体贴入微，每当她逛街的时候，先生总是耐心地陪在身边，没有任何怨言；可婚后就不同了，先生总以工作忙为借口，从不陪她逛街，对家里的事情也懒于伸手。尹小姐感到丈夫没有以前那么体贴了，两人之间好像缺少了些浪漫，更不用说有什么激情可言了。日子长了，婚前的甜蜜没有了，取而代之的却是生活中夫妻俩的吵架拌嘴。

谁都不想看到这种局面——夫妻间的不和导致了破裂的危机。造成这样的结果责任在谁？你一定会说责任在尹小姐的丈夫，他在婚后忽视了爱情的继续经营。难道尹小姐就没有责任吗？幸福的婚姻是需要两个人投入时间和精力去维护的，在维护婚姻的过程中需要智慧而不是一味从对方的身上找出种种缺陷，甚至互相指责。

很多人都知道婚姻需要经营，但在现实中，有很多夫妻因付出努力却收效甚微，他们就放弃了对幸福婚姻经营的希望。他们要么选择死气沉沉的婚姻，两个人凑合着过；要么结束那令人乏味的婚姻，迅速散伙。

婚姻最幸福的夫妻，他们时时刻刻都在用心“经营”自己的婚姻。在婚姻的“经营”中，关键是看你用一个什么样的心态看待婚姻，不同的态度，往往决定着婚姻的不同结果。列夫·托尔斯泰说过：“幸福的家庭家家相似，不幸的家庭各个不同。”这相似与不同，往往就是对待婚姻态度的不同而造成的。因此有人发现，用恋爱的心态对待婚姻，就能让婚姻充满快乐。

张先生虽然已是一个八岁孩子的父亲，但他对妻子李女士依然是百般呵护，他常常接送李女士上下班，风雨不误，还不时地弄一些浪漫的约会，把妻子哄得特别开心。张先生常和妻子卿卿我我，就像新婚不久的夫妻。张先生总是自豪地对外人说：“结婚十年了，从来没有和妻子闹过矛盾。”有人问其中的秘诀，张先生说：“在婚姻中，我们始终没有忘记继续经营爱情。我们是因为爱情而有了婚姻生活，不是因为有了婚姻生活才有爱情。”

张先生话的意思很明白，爱情是婚姻最好的保鲜剂。很多人把婚姻看成了是爱情的结果，那么婚姻就会显得平淡寡味。

有人说，没有爱情的婚姻是不负责任的，也不会快乐的，没有婚姻的爱情是不完美的。婚姻只是爱情的一个阶段，不是终点；婚姻是让爱情法制化，不是把两个无关的人捆绑在一起，爱情是婚姻的基石。婚姻原本就像一杯白开水，无色无味，如果你想让这杯白开水变得光彩甜蜜，那你就赶快动起手来，用鲜花、用甜言蜜语去调这杯白开水，只要你有心这杯无色无味的婚姻之水也会变得有滋有味。试想想，在结婚后，如果丈夫能经常买几枝玫瑰花，送到爱妻手里，做妻子的总会像以前一样甜甜地收下，虽然妻子有时会嗔怪道：“物价又涨了，你竟花这钱干什么？”但在她的内心会有初恋般的感觉。不难看出，对于善于经营婚姻的人来说，爱情会在婚姻中继续延续以至更加完美，把婚姻经营得如恋爱般的甜蜜与和谐，婚姻就会使爱情得以升华。

老婆比划老公猜，那只是游戏

电视上经常会播放一个叫“老婆比划，老公猜”的节目，猜食品、猜工具、猜生活用品等等。老婆比划滑稽可爱，老公猜的没头没脑，猜对了欢呼雀跃地拥抱，猜错了也就一笑了之。如果把这样的游戏搬到生活中来，会怎样呢？会收到同样的效果吗？当然很难，甚至适得其反，但生活中，在不经意的情况下玩这样的游戏者却不在少数。

女人都比较矜持，对于自己想要的东西，尤其是想要老公给自己的东西，她不想直接提出来，希望老公能体察到她的想法，然后主动给她，这种被爱的感觉是无法言说的。就好像那个节目，给老婆一个词语，然后老婆通过各种描述和动作，让老公猜她表达的是什么，这个在游戏中很好玩，可要是放在平时的生活中，就适得其反了，如果老公猜不出来输的不光是游戏，而是夫妻之间的感情。但现实生活中，还是有很多的老婆对这个游戏乐此不彼，当然玩过之后，可没有游戏那么畅快，大多是生气和沮丧。

今天是徐静和老公刘超的结婚纪念日，两个人约好晚上一起去外面吃饭，可是徐静想下班后去逛商场买件外套，便打电话给刘超，告诉他下班后在地铁站口见面。坐在地铁上，徐静想，刘超会不会给她准备一大束玫瑰花，虽然她不是那种特别矫情的人，但是她还是期望生活中偶尔有心动的感觉。

可是出了地铁站，徐静看到刘超哆哆嗦嗦地站在风地里，手里没有玫瑰，而是一个巨大的塑料袋，里面全是书。徐静的热情一下子没了，买这么多书干吗？沉甸甸地拿着，还怎么去逛街啊？

而刘超也觉得委屈：是你突然决定要逛街的呀，我正在单位楼下的书店看书，你说吃饭前还想逛街，我就赶过来了，我还怕迟到了，结果等了十几分钟呢。

后来他们没有去逛街，吃饭的情绪也很差，徐静老是说那袋书的问题，而且越说越气。

刘超什么也没说，只是笑眯眯的。

吃完饭，回家了，刘超又出去了，然后很快回来了。手里举着只哈根达斯。徐静说：“我想很高兴地接过那只哈根达斯。但是我做不到。这么冷的天吃什么冰激凌，我本来是想逛街买件新外套。”

想要玫瑰，却看到了一大堆书，想要买外套，却收到了哈根达斯，徐静心情不好，纪念日也过得不开心。那就听听刘超的心声吧，原来他也很委屈，他说：“今天我都不知道徐静为什么生气。其实袋子里被她数落的书，几乎全是为她买的。今天我特意早点下班。在等车的时候，我去旁边的书店，结果发现了很多徐静需要的书。她最近工作上面遇到了瓶颈，而这些书很适合她。她打电话说想逛街，要我早点去，天太冷了，怕她在地铁口等我，我打车过去的。

“可是她却一直很生气，我买的这些书，她看都没看一眼。扫兴的感觉也是会传染的，她没心思逛街，我们只好回家。

“为了让她高兴点，我专门跑到楼下的超市去买哈根达斯，可她把冰激凌扔在冰箱里，突然就哭了，还很委屈。我也不知道她到底想要什么？”

其实他们的故事也正是你我的故事，两个共同生活的人，即使一起生活了好多年，但是仍旧不能完全理解对方，不能随时感知到对方的需求，不能准确预知对方的行为。而在无法做到这么多的情况下，却对对方的要求很高，不是吗？这就是矛盾和不快乐的源头。

为什么不问问这么大冷的天气，在这样的日子里，老公为什么要买一堆书？听了解释之后，也许就不会为没有玫瑰而伤神，反而很感动呢，那么后面赌气不逛街等等的矛盾可能就没有出现的可能性了。双方都有很多的爱，但是每个人的表达方式不同。不能总是按照自己的喜好来要求别人，哪怕是自己的爱人。

在婚姻里，是两个人要做让对方高兴的事，不要老是做你认为有意义的事情。结婚纪念日，她想收到玫瑰，而你非要送她书，一起送多好啊！当然，男人和女人本来就是两类人，所以他们对爱的表达方式肯定会存在差异，所以要相互理解，不要过多地追求一致性。作为妻子，只要明白丈夫是爱你的，就要体味他任何形式的爱，还有不拘形式的爱。接受他所有形式的爱，以爱回馈，也许你会出乎意料地得到更多的爱！

其实，在得不到自己想要的爱的时候，可以反过来想想，如果对方的行动总是按照你所希望的那样，对婚姻不一定有益。如果有一天两个人中的一个被另一个改造成功，婚姻就没有什么趣味了，爱就变成了一种征服、侵犯、纳入。即使你们相爱，也要让对方保持一些精神、生活、兴趣、价值观方面的差异。

如果你在选择老公的时候，就是看上他踏实、稳重的性格，跟他结婚，你有很大的安全感。那么对这样的丈夫要有预见性，要理解。如果你觉得结婚纪念日玫瑰是必须要有的，就提前给他一个礼物单，告诉他你的需要。

另外还有一种情况，就是女人对于自己想要的东西，由于持家理财的原因，也舍不得掏腰包去买，一种矛盾心情会引发心情不愉快，而这时就希望丈夫能明白自己的心事，替自己下定决心，而丈夫恰恰没有明白，所以妻子就把老公当成了替罪羊。要知道婚姻是很现实的，你的不快也只是对当前状态的不满。这样的话不妨把你的想法说给你的老公听听，他会为自己娶了一个勤俭节约的好太太而欣喜的。

游戏只是一种娱乐的手段，偶尔运用到生活中，也许会让生活增添光彩，带来欢乐。但不能照搬照抄，因为游戏可以输，生活可输不起。生活中的你们不妨变换一下游戏的方式，在游戏中，偷偷地给对方一个提示，或者巧妙地把游戏的答案交给对方。用自己的智慧游戏人生，你们的生活就会更加丰富多彩，就会充满欢笑。

考虑到对方的感受，爱是理解的代名词

泰戈尔曾说，爱是理解的代名词。也就是说，在你爱的人面前，你做任何事的时候，都去理解或者考虑到对方的感受、对方的思想，只有这样，才是真爱。没有理解，是痛苦的；没有理解的爱，往往是不会长

久的；爱，如果没有理解的话，常常会给生活带来惨痛教训。

有一对新婚夫妇，为了生计，丈夫不得不出门找活挣钱，留下已有身孕的妻子独守家园。几年后，丈夫回来了，妻子带着他们的小儿子到村口迎接他。久别重逢是多么开心的一件事啊。妻子想做一桌丰盛的晚餐，给丈夫洗尘。

就在妻子准备饭菜的时候，这位年轻的父亲就让孩子叫他爹。可是，小男孩怎么也不答应："你不是我爹。我爹每天晚上都会来，我娘就会陪他说话，一边说还一边哭。娘坐下来，爹就坐下来。娘躺下来，爹就躺下来。"年轻的父亲一听，心都冷了。

妻子的饭菜做好了，丈夫看也不看，就走出了家门，到很晚才回来。之后，他把自己灌得醉醺醺的，每天在村子里闲逛。他妻子也不知道自己做错了什么。几天后，妻子终于忍受不了了丈夫的冷落，于是投河自尽了。

办完丧礼的那天晚上，这年轻的父亲燃起煤油灯，他的小儿子叫起来："这是我爹！"他指着他父亲墙上的影子说："我爹每天晚上都会这样子跑来，然后我娘都会跟他讲话，还不停地哭。我娘坐下来，他就坐下来。她躺下来，他就躺下来。"

原来，几个月前，小孩问起自己的爹，妻子就指着她自己在墙上的影子说："这是你爹。"她太想念他了，她就向自己的影子哭诉："你也该回来了，我一个人带着小孩，好辛苦啊！"

这时年轻父亲才明白一切，可为时已晚。

年轻父亲因为没有理解妻子有一颗爱他的心，没有理解妻子爱他爱的是那么的深，所以，才导致自己心爱的人永远离开了自己，这出人间的惨剧就是因为缺乏理解。一行禅师这样说："真爱的第四方面是舍，意即平等心、不执着、不分别，平常心或放下。如果你的爱有执着、分别、偏见或依恋，这就不是真爱。"可见，丈夫对妻子没有真爱，因为执着误会而对妻子产生了偏见。

很多人的婚姻之中没有任何激情，也没有快乐，更不要说新鲜感了，他们只是以一种“勉强”的态度来维持着彼此的关系。为什么会出现这种现象呢？关键在于对婚姻缺乏一个正确的、清醒的、透彻的认识，不是把婚姻看得太过于浪漫，就是将其看得太过于理性。

反观那些不幸的婚姻，我们总能发现许许多多令人感到遗憾的地方，而最令人遗憾的，就是他们之间因为习惯而漠视对方对爱情的表达，都把对方的付出看成是一种理所当然。

有这样一对老夫妻，丈夫是一个沉默寡言的人。妻子本来不吃葱姜、辣椒，一吃胃就会疼。可是在每次炒菜之前，她都会切上一碟辣椒，然后用姜丝拌上蒜泥，还要在上面浇上半勺滚烫的花生油。这是丈夫最爱吃的。这一切，丈夫不但都看在了眼里，也记在了心里，却从来没说过一句感谢的话。

妻子对此难免会有抱怨，时而也会发一通牢骚：“你就知道吃，我这么辛苦，给你当了半辈子保姆，不要说吃一顿你给我做的饭菜了，就连你一句知疼知热的话都听不到。”

丈夫听后呵呵一笑，说：“你做的饭菜香，别人做的我还不吃呢。”

妻子对丈夫的话不屑一顾。她从心里认为，丈夫是不爱她的，起码没有像她爱他那样爱。

有一次妻子病了，病得很严重，丈夫没日没夜地守候在她的病床前，熬得两只眼睛里布满了血丝。等妻子稍微好了一些，丈夫拉着她的手轻声问：“你想吃些什么？我给你做。”

妻子苦笑：“你从来就没做过，会做吗？”

“会做，你说，一会儿我就给你做好了。”丈夫急切地说。

“那就给我做一碗鸡蛋面吧。”

丈夫马上起身，钻进了厨房，做起了鸡蛋面。谁知不是将油溅到了手背上，就是把鸡蛋炒焦了，最后弄到碗里的面条跟浆糊差不多，尝一口，还有苦苦的味道。万般无奈之下，他只好把这碗面倒掉，悄悄下楼到对面的餐馆买了一碗鸡蛋面，然后小心翼翼端到妻子的床前，微微低着头说：“这不是我做的，我到下面给你买的，我做得不好吃……”

妻子的眼角噙着泪花，甜蜜地笑着，伸手接了过去，大口吃了起来。

妻子的病很快就好了，他们又恢复了以前那样的日子。每次炒菜前，妻子还是会雷打不动地为丈夫准备一份姜丝辣椒。虽然她还是一吃辣的东西就会胃疼，却很乐意地做着这一切，甚至把它当作是一种享受。

放下分别和偏见，移开彼此之间的界线。只要还把自己当成爱人的人，把他人当成被爱的人，只要还把自己看得比他人重要或是跟他人有所不同，这才是真爱。你要是爱一个人，而又不能给他带来快乐，不能为他止息痛苦，不能为他欢喜，不能接纳他的一切，很显然，这根本谈不上真爱，甚至谈不上有爱。一个人只有明白爱是什么，才懂得为爱付出，才懂得如何去爱。当你懂得了真爱的含义，你就会成为世间最美丽、最快乐、最幸福的人。

爱情需要搂搂抱抱，也要“吵吵闹闹”

中国有句话说：“不吵不闹不成夫妻。”两个人长期生活在一起争争吵吵是在所难免的事情。不吵架的夫妻，就像没有阴晴圆缺的月亮，没有雷鸣闪电的天空，即便不是一种遗憾也是一种做作，而且或多或少有那么一点点不真实，没有半月的缺，怎知圆月的满，不经历阴云密布的压抑，又怎知雨过天晴的舒展。

夫妻吵架就好比在汤里放盐，不宜过多也不能太少，小吵小闹有助于情绪的平衡与宣泄，是一种防患于未然的有效措施。有的夫妻虽然吵着、闹着，但仍然过着，床头吵架床尾和。这便是我们普通百姓夫妻的生活之道。

但吵架毕竟是伤害夫妻感情的事情，看看下面的故事，看完了你是否会心一笑呢！

赵琳和清在结婚之前爱得天昏地暗，两个人发誓今生今世永不分离。但婚后不到两年，他们就觉得婚姻渐渐寡味了起来，但他们谁也没有说，或许是怕这种感受说出来伤对方的心，他们都各自保持着形影不离的原状，只是在一起时少了一些共同的语言和亲昵的动作。

可是最近似乎情况更糟糕了，清甚至懒得和赵琳一起逛街，觉得这样的老婆带出去丢人。清觉得老婆越来越难看，水桶腰、黄花脸，每天只知道忙家务，还常常搞得衣冠不整。眼前这个女人，蓬松着头发，脸上全是斑点、暗疮。他怎么也不相信，当初爱上了这个女人。

而赵琳呢？她也发现了生活中的严重不协调，清的大男子主义非常严重，在家里更是懒于家务。比如清总让赵琳在厨房做饭，一切家务都是赵琳来做——以前好像也是这样，自己已经忍受了五年。

于是，两个人的生活变成了大吵三六九，小吵天天有，人们常说的“七年之痒”好像提前到来了。终于有一天，赵琳和清同时说出了这样的话：“婚姻真的没意思，不如我们离婚吧！”可他们也曾经是恩爱有加，现在居然这么轻易就提出了离婚，这好像不是他们的结局。可是，继续过下去的话，矛盾已无法逃避，离婚又心有不舍，于是经过商量，他们决定暂时分开一段时间。

赵琳搬到公司的宿舍，约定两个星期见一次面，平时没事不打电话，给两个人冷静和思考的时间。这是他们结婚五年来第一次这样长时间的分离。

最初的几天，赵琳感到了充分的自由，自己可以不用陪清在公司加班，终于可以做自己想做的事情。几天过去了，赵琳的心态也平和了很多，但她心里开始觉得自己缺少了点什么，有时会不由自主地想到清。

清和赵琳分开后，每天的用餐要么在公司吃食堂，要么叫外卖，到后来吃什么都觉得索然无味了，他常在吃饭时想到赵琳。结婚这么多年，从不做家务，一直是妻子在打理这个家。一个女人，如果不是爱，还有什么能够让她五年如一日地为一个男人服务？在外面吃难以下咽的饭菜的时候，清明白了，是妻子在家忙里忙外，才使自己可以那么悠闲地待在家里，这样的好妻子哪里找得到？他仔细回想这个他曾经一度疯狂爱过的女人，才发现她是如此可爱，她把她一生最宝贵的爱、最宝贵的光阴都给了这个家，给了他，是个多么值得他爱的女人啊。清对妻子的思念越来越强烈。一天，他一个人在公司宿舍泡好一桶方便面，却一口都没有吃下去，而是想起了妻子在厨房给他做饭，他在一边捣乱的情景，那种温馨让清在心里产生了一种渴望。那天晚上，清没有守规定地给妻子打了电话。奇怪的是，赵琳听到他的声音却哭了。当天晚上，赵琳和清在分开 10 天后终于又见面了，两个人看上去憔悴了许多，他们紧紧地拥抱在一起，像是找到了失而复得的珍宝。

在那一夜，他们好像又回到了五年前，这是两个人在一起几年来从来没有过的感觉，他们说了一夜的悄悄话，他们回忆以前的浪漫生活，言语之间透着甜蜜。

后来赵琳和清意识到，他们之所以觉得婚姻有些沉闷，那是因为他们在一起的时间太多了，没有给彼此适当的自由空间。在那一次偶尔的小别以后，他们觉得再次相聚原来是那么充满激情。以后，他们就把小别当作调剂婚姻的手段。

小吵小闹以后，能让夫妻俩对生活有个理性的思考，使他们珍惜原有的生活，不偏离正常的生活轨道；小吵小闹能让趋于平淡寡味的婚姻生活重新荡起波澜，使婚姻生活充满激情。

两个人相处久了，眼前的他或她，在自己的眼里不再潇洒或漂亮，其中的原因，一方面是因为人老色衰的缘故，另一方面是在彼此的眼里，对方已经失去了新鲜感。夫妻之间的情爱已经成了家常便饭，夫妻间亲昵的举动不再有激情，心中的那份爱情已经和性分离开来，从而使得夫妻生活显得枯燥无味。其实，这种现象的产生，是一个人生理和心理的自然反应，换句话说，夫妻间在一起生活久了，失去婚姻初始时的激情，这是自然的事，并不是说没有激情的婚姻就是失败的婚姻。婚姻的关键，就是看你如何去经营。在婚姻的激情渐渐消退的时候，如果两个人知道如何及时地给婚姻一些激情补给，那么，婚姻就会永远充满激情。再说，任何两个人，不管他们如何下决心去长厢厮守，都要及时给婚姻做补给，这样才会过上有滋有味的婚姻生活。

享受爱，不要为爱所累

每个人都在追求爱，然而，当得到它时，又经常被它折磨得疲惫不堪。陷入爱中的人们，总是会不断地自我怀疑："我爱他吗？""他爱我吗？""他为什么会爱上我？""他会爱上别人吗？"……诸如此类的疑问使我们的心灵备受煎熬，也使我们的爱情变得有些风雨飘摇。许多恋人就是在这种怀疑中分分合合，其中很多人不堪其扰，最终选择了彻底决裂。

好莱坞爱情电影《乱世佳人》的原著《飘》就描写了这样一段为爱所累的感情。当女主人公思嘉丽终于决定要投入男主人公白瑞德的怀抱时，白瑞德对思嘉丽说了这样一段话："我的爱已磨没了，被卫希礼磨没了，被你那种一味固执的脾气磨没了，因为你固执得像一头猛犬，无论什么东西不弄到手决不罢休……我的爱已磨没了。"思嘉丽对白瑞德的爱反反复复，最终白瑞德不胜其累，终于说出了上面的一段话。这是一段透露着内心悲凉的话，也是一段“有气无力”的话。每个人都会珍惜得之不易的爱情。不论思嘉丽如何伤害白瑞德的感情，他总是对她不离不弃。可是，当白瑞德就要获得思嘉丽的爱时，他却放弃了。“我的爱已磨没了”，这是一句何等悲凉的话语，其中透露着无奈，也透露出些许的解脱。

如果不能自由地相爱，那么就不要被爱所累。因为，只有当我们处于一种亲密无间的爱情中时，我们才能真正体会到爱的自由与浪漫。然而，每个人毕竟是不同的，我们不可能做到绝对的统一。这时候，我们就需要有勇气向对方自我表露。

通过对美满婚姻和亲密友谊的观察，心理学家发现，在这种亲密的关系中，人们很愿意表露自我真实的一面，而不会去担心自己会失去他人的爱情或者友情。心理学家把存在于美满婚姻和亲密友谊中的这种特点称之为自我表露。自我表露是一种人际交往的方式，它不仅使自我表露的一方在相处时变得更加自由，而且还可以加深彼此的了解，促进双方的关系。

在爱情中，很多人不愿意向对方表露自己的缺点，总是尽量地遮掩。而对方为了维持彼此的爱情，也总是尽量启动自己的心理防御，尽量不去考虑对方的缺点。但是逃避并不等于无知，对方为了替你遮掩缺点而感到身心俱疲，当彼此的爱出现裂痕时，这种心灵疲惫的感受就会以其他负面情绪的方式爆发出来，进而动摇你们爱情的基础。如果在爱情初期就采取自我表露的策略，那么你们的爱情就可以进展得更加稳健。

研究发现，大多数人都喜欢这种自我表露的亲密关系。如果一个内向的人向我们表露，说我们的友谊使他愿意敞开心扉，并分享他的秘密，我们在这种情况下会感到非常高兴。心理学家进一步研究发现：人们之间存在着表露互惠效应，即一个人的自我表露会引发对方的自我表露，而且自己会对那些向自己敞露胸怀的人表露得更多。

自我表露会让我们扔掉伪装的面具，真实地表现自我，而这是培养爱情的最有效的方式。在这样的环境中，恋爱着的双方是自由的，他们不必过多地顾虑自已的缺点是否会招致对方的嫌弃，他们自由地表达自己并自由地享受对方的信任与爱慕。罗马的戏剧家塞内卡曾这样说：“当我和好友在一起时，就像跟我自己独处时一样，我可以想说什么就说什么。”其实，爱情也应该这样。当两个人在一起时，不用顾虑对方的感受，不用辛苦隐藏自己的缺点，可以自由地向对方表露自己的灵魂。

爱是自由的。如果你在爱情中体会不到自由的味道，那说明你的爱还不够纯真，你的心还在被自己顾虑的事情所累。真正的爱不应该是这样的。所以，当你为爱所累时，要么学着向对方表露自我，要么放弃这段“磨人”的爱情。

第六辑

拥抱现在的伤，未来的你会更强

俗话说：阳光总在风雨后，如果这些风风雨雨你都不能够战胜，又谈何看见阳光呢？困难的日子总会过去的，要用积极的心态度过困难，未来的你才会变得更强、更优秀。

过好难过的日子，以后才好过

因为就业难，大学生刚毕业可能就会面临待业；参加工作，会面临裁员、下岗、减薪……好不容易成家了，孩子上学问题、户口问题、买不起房子买不起车……面对如此艰难的处境，人们不禁感叹："这日子真的是没法过了。"

艰难的日子虽然让人焦头烂额，可是我们却没有办法选择别样的生活。既然改变不了，不如冷静地接受，并认真地把每一天都过好，这样也许我们就会有很多意外的收获，生活也不会再让我们觉得痛苦了。吃苦是成长的阶梯，是成功的垫脚石。过好难过的日子，以后才好过。

蝴蝶在茧里痛苦挣扎，将茧扭来扭去的，但却一直不能挣脱茧的束缚。

一个小孩为了帮助蝴蝶，就用一把小剪刀在茧上剪了一个小洞，让蝴蝶可以容易一些出来。

不一会儿，蝴蝶就很容易地从茧里爬了出来，但是那身体却非常臃肿，翅膀也异常萎缩，耷拉在两边伸展不起来。

他等着蝴蝶飞起来，但那只蝴蝶却只是跌跌撞撞地爬着，怎么也飞不起来，又过了一会儿，它就死去了。

蝴蝶为什么会死？小孩伤心地问他的老师。原来，蝴蝶必须在茧中经过痛苦的挣扎，直到它的双翅强壮了，才会破茧而出，那些不经过痛苦挣扎而生的蝴蝶势必夭折。

上帝是公平的，他会设计一些难过的日子给人，让苦难成为人兑换幸福未来的筹码。所以，人的成长，往往会经过不幸、挫折、失败磨炼，这样的人生才能承担大任，否则，让其承担大责任，也会因经受不住随之而来的艰辛、曲折、困难的考验而归于失败。所以，当我们面临苦难的时候，迎上去是最好的选择。

威廉·亨利布拉格是英国著名的科学家，在1915年获得诺贝尔物理学奖。威廉·亨利布拉格之所以在学术上取得巨大成就，和他从不逃避苦难是分不开的。

威廉在皇家学院求学，因为家里很穷，他总是衣衫褴褛，拖着一双比他的脚大得多的破旧皮鞋。这里读书的人大多是富有人家的子弟，他们看到亨利布拉格如此寒酸，认为他脚上的那双破皮鞋不是自己的，他们将其告到学校，控告亨利布拉格偷了别人的皮鞋。

有一天，老学监把他召到办公室，两眼死盯着他那双破皮鞋。亨利布拉格明白是怎么回事，他很淡定地拿出一张小纸条交给学监。

这是他父亲写给他的一封信，上面有这样几句话："孩子呀，真抱歉，但愿再过一两年，我的那双破皮鞋你穿在脚上不再嫌大。如果你一旦有了成就，我就引以为荣。因为我的儿子正是穿着我的皮鞋努力奋斗成功的。"

老学监看完信之后，也被深深地感动了。

虽然在这群富家子弟面前，自己的苦难和贫穷十分明显，但这并没有影响亨利布拉格对未来的追求，他接受了自己的处境，努力地学习，最终获得了一个成功的人生。

能吃苦的人才能享受到"苦尽甘来"的幸福。相反的，没吃过苦，不具备吃苦耐劳品性的人，很难在布满荆棘的人生路上走出康庄大道来，即使你有优越的条件也不例外。试想，古今中外历史上又有几个纨绔子弟成就大业或有所成就呢？

杜邦家族是美国的亿万富翁。豪华的别墅、专用飞机、游艇和高级小轿车，家里应有尽有。然而，这个家族的后代却大都是平庸之辈。他们的精神世界苍白空虚，有时竟无聊到专门搞恶作剧，用绒布作食品馅招待贵客，或以数吨水泥散堆于邻居门前。他们躺在先人的财富上寻欢作乐，意志必然会颓废堕落。

在人生的旅途中，大凡成功者，大多数是先吃“苦”，然后才会获得“甜”！所以，能吃苦就是一种资本，一种保证今后能够得到甜的资本。

一个大学毕业生在应聘时，由于读的大学并不出名，专业也不热门，因此考官不打算录用他。但在面试结束时，他向考官真诚地说了一句：“我能吃苦！”这句话改变了考官的主意，就让这个大学生回去等消息。

第二天，考官专门去学校调查了该大学生，得知他的家境很贫寒，在学校期间一直吃苦耐劳。于是考官决定录用他，因为这种能吃苦的人才是任何公司都欢迎的。

哲人说：“老年遭受艰难困苦是不幸的，这个道理人们普遍知晓。少年未经艰难困苦也是不幸的，这个道理却不是每个人都能明白的。”享乐在先，或许令人羡慕，但这只是一个过程，不会永远乐下去，走到终点便是苦。吃苦在先，同样也是一个过程，不会永远苦下去，走到终点便是甜。

所谓前功尽弃，就是没有“挺住”

所谓前功尽弃是指以前的功劳全部丢失、以前的努力全部白费。前功尽弃谁都不想要，可是纵观那些前功尽弃的人，我们是不是应该从他们身上得到一些启示呢？所谓前功尽弃，就是没有挺住，轻易地半途而废。

有人做过这样一个实验：将一只凶猛的鲨鱼和一群热带鱼放在同一个水池里，然后用钢化玻璃将它们隔开。最初，鲨鱼每天都不断冲撞那块看不见的玻璃，但它始终不能游到对面去，而实验人员每天都放一些鲫鱼在池子里，所以鲨鱼也没缺少猎物，但它为了获得更多的美食，仍是持之以恒地冲撞那块玻璃，尽管每次都使出浑身解数，但每次总是徒劳无果。后来，鲨鱼绝望了，不再继续冲撞玻璃了，对热带鱼也失去了兴趣，而是等着每天那些固定出现的鲫鱼，然后用它敏捷的身手进行狩猎，好像回到海中一样不可一世。实验的最后阶段，玻璃被实验人员取走，但鲨鱼却没有一点反应，甚至于当热带鱼游到它的对面时，它也立刻放弃追逐，因为，它怕痛。

试想，如果鲨鱼还像起初那样一往无前地撞击玻璃，久而久之，那玻璃肯定会被撞破，鲨鱼最终可以获得对面的美食，也不会枉费自己的努力。可就是因为惧怕一时的“痛”，放弃了最后的努力，结果只好“望鱼兴叹”。

同样，在我们的现实生活中，在我们追求事业成就事业的过程中，也有着类似的现象，因为害怕“痛”，或当遇到毁灭性的挫折或不幸时，放弃了曾经为之奋斗追求的梦想，而此时离成功往往只有一步之遥，甚为可惜。

如果看了这个故事你还没有所领悟的话，下面这个故事相信一定会让你有所领悟的：

本田宗一郎是日本著名的本田技术研究所的创始人。他就是身处逆境却不断向命运挑战的一位真正男子汉。他说过一段发人深省的话："拿我的过去来说，现在或许可以称之为成功。然而，我是在不断失败中，与命运抗争过来的。我们本田研究所能够发展到现在这种程度，可以说是在不断的失败中发展过来的。说起我们的研究所，99%都是失败，简直除了连续的失败没有别的。就是在这种接连不断的碰壁失败中，逐渐磨砺了我们的抗争精神和一定要争气的勇气。正是在失败的基础上，经过不断的总结经验，才会有今天的发展，可以说累累伤疤都是我们的宝贵财富。"

如果本田宗一郎面对这99%的失败口中大念"阿弥陀佛""上帝保佑"或者自我感觉"运气不佳"而自认倒霉。只知道"山穷水尽"，而不明白"柳暗花明"的道理的话，或者面对接踵而至的失败，手足无措、乱了方阵，本田公司现在又怎么能以先进的科技立于世界之林呢？

我们在耻笑鲨鱼的愚蠢、羡慕本田技术的同时，更应该学会在任何情况下，不要轻易说放弃。可是"说来容易，做到难"，我们到底有没有更具现实意义的方法呢？

因为前途的渺茫、生活、工作的一切不稳定因素，很多人因为没有胆量去拼搏而前功尽弃。特别是在这个竞争日趋激烈的时代，没有胆量意味着没有魄力，意味着没有开拓创新的能力。而这些正是竞争的底牌，没有了底牌，一切的竞争都将变得毫无意义，这是很多人前功尽弃的主要原因。所以，要想做到勇往直前，必须要培养自己的毅力。

所谓毅力就是坚定持久的意志和力量。毅力能够决定我们在面对困难、失败、诱惑时的态度。如果你想重振事业、如果你想把任何事做到底，单单靠着“一时的热劲”是不成的，你一定得具备毅力方能成事，因为那是你产生行动的动力源头，能把你推向任何想追求的目标。具备毅力的人，他的行动必然前后一致，不达目标绝不罢休。

毅力是一个心理因素，毅力的培养可以从以下几个方面进行：通过坚定自己的信心、重温自己强烈的愿望、明确自己的目标、有组织地计划、积极行动、克服消极的心理因素等方法。

总之，成功或许只是一个美好的结果，或许只是一个美丽的目标。但是成功绝对是一个漫长的过程，在这个过程里面，你无论遇到什么样的困难，都要挺住，唯有能挺住，才不至于前功尽弃，才不至于半途而废。

正视人生的苦难，不怕苦难重重

是的，人生是苦难的，人们甚至会用“苦海”来形容。我们每个人都置身于这片汪洋大海之中，或浮或沉，品味着大海的滋味。不得不说，提出“人生苦难重重”这句哲理的人是伟大的，因为他让我们开始正视人生的本质。而只有当我们开始正视这每个人都无法回避的人生问题时，我们才能够使自己逐渐走上心灵的成熟之路。对于每一个人来说，这句话都在起着一种启蒙的作用。因为一旦我们开始正视它，我们就能够凭借自己的能力超越它，我们就可以升华自己的人生。只要我们认真对待人生的苦难，我们就不会再为人生的苦难而耿耿于怀了。

世界上许多伟大的人物之所以受到人们的敬仰，正是因为他们参透了人生的苦难，使自己的心智达到一种成熟的境界，进而开创了一番属于自己的不朽功业。

拜伦是个跛脚，但他却成为了一位著名的文学家。

凯撒经常被他的癫痫症所折磨，但这没有妨碍他成为一名伟大的政治家、军事家。

贝多芬耳朵后天失聪，但他仍然创作出了像《命运》这样震撼人心的交响曲。

莫扎特经常为哮喘病所累，但他仍然成为了欧洲最伟大的古典主义作曲家之一。

富兰克林·D·罗斯福患有小儿麻痹，但他毅然走进了白宫，改变了第二次世界大战的走向。

海伦·凯勒在盲聋中度过了自己的一生，但是她却为人类筑造出一座精神的灯塔。

……

正视苦难，才能超越苦难，才能走向生命的成熟。然而，大部分人却不肯正视人生的苦难。在他们看来，人生不应该是困难重重的，而应该是平坦的、安定的。因此，他们总是在抱怨自己生不逢时，无法在太平盛世中施展自己的宏图大志；总是在抱怨环境的浑浊，无法保持自己的清白之身；总是在抱怨命运的多桀，要经历一系列的人生苦难，而无法如同他人那样享受生活的自由和幸福。

人生确实是一连串的苦难。当你刚刚跨过了一个苦难，另一个苦难就会在人生旅途的下一站笑脸相迎。苦难就是这么自作多情，就是这么喜欢与我们不期而遇。面对着多如牛毛的苦难，有时候我们会有一种疲于奔命的感觉，而一种幻灭感也会因此油然而生，以至于自己想要向生活妥协，向生活投降。是的，生活期望用苦难打败我们，以便更好地奴役我们。如果我们此刻放弃，那么我们永远将活在抱怨的世界中。一个成熟的人是绝对不会这样做的！因为，一个成熟的人懂得苦难也是生活的一种恩赐。正是因为各种苦难接踵而来，我们才觉得悲喜参半，才能咀嚼出生活真正的滋味。

人生其实就是一场与苦难斗争的过程。虽苦难千万，吾往矣！苦难能够摧毁我们的身体与心智，可是它也能够激发出我们的智慧与勇气。面对苦难这崇山峻岭，如果我们可以顽强地翻过去，那么我们必将取得巨大的成功。而一路所经历的各种坎坷，也必将成为我们美好的回忆。当我们经历苦难的磨砺之后，我们的思想和心智也将日臻成熟。可是，很少有人能够将目光放在崇山峻岭的另一端。当看到眼前蜿蜒起伏的群山，大多数人的心里总会不由自主地冒出这样一个想法：这是一座无法翻越的山！于是，面对苦难，要么望风而逃，要么在山前徘徊不前，要么迷失在山中。我们总是妄自菲薄，从来不会轻易相信自己的内心具有征服苦难的力量。

但是，另一方面，我们的内心总是会有这么一种异样的冲动，它时而平静如水，时而热烈如火。这种冲动让我们不愿轻易接受失败的命运，总是可以激起我们不断反抗的火花。因此，当我们开始正视苦难的那一刹那，它将会如同一座爆发的火山那样，使我们的内心喷薄出炽烈的火焰，让我们有能力解决掉所有的苦难。是的，只有正视苦难，才能强大自己，才能消灭苦难。美国总统富兰克林曾说："惟有痛苦才会带来教益。"面对苦难，一个聪明的人是不会害怕痛苦而选择逃避的，他会正视苦难，选择迎上前去，将苦难踩在自己的脚下。

正视生活中的苦难吧，它不是要将你拉向深渊，而是要带给你生活中最丰厚的回报。苦难并不一定就是坏事，它可以成为一种动力，促使你采取行动，提高自身的素质。使你的智慧变得更加敏锐。最终，你会因为苦难而摆脱生活中的困境，实现人生的升华。

消极地迷茫时，挺住才能做生活的主宰

“因为生活有太多的欲望，所以有太多的因为欲望得不到满足而产生的迷茫。”迷茫的生活、迷茫的社会、迷茫的世界……很多时候我们会感到迷茫，感觉生活没有意义，但是又不知道自己到底在迷茫什么。

当迷茫占据我们的内心时，我们就会感到很孤独，认为在这个世界上没有人能理解自己的想法。因此我们感到苦恼却无所适从，孤独本身就是一种迷茫，一种消极的迷茫。

比如说我们向往爱情，追求爱情，结果不外乎两种：得到爱情，或者从此失去爱情。我们为了生计和理想努力地拼搏，得到的结果也不外乎两种：如愿以偿或者大失所望。但是如果不如愿又能如何呢？我们一样会感到迷茫，一样能感觉到迷茫带给我们的孤独和寂寞。

我们因为忙碌的生活而感觉到迷茫，也就是说人生注定了迷茫，注定了我们要迷茫地面对生活、苦苦追求自己的理想，到头来却发现我们的理想并不是现在的样子。

茫茫人生中，我们在执着地追求、寻找。到底在寻找什么，似乎没有人能够说得清楚，因为我们也不知道自己在寻找什么。我们胶尽脑汁地周旋在各种各样的人之间，为了生活不断地打拼。为了追求自己一见钟情或者暗恋已久的梦中情人，我们煞费苦心地想要博取他（或者她）的欢心，到最后却发现他（或者她）却不是最适合自己的，或者说自己并不适合他（或者她）……然后我们选择离开，结果是兜了一大圈又回到了原点。然后，我们发现原来自己是迷茫的，于是我们明白人生是孤独的、迷茫的……

迷茫是难免的，关键是要在迷茫之时用一种积极的想法来挺住消极的迷茫，这样我们才能成为生活的主宰，我们才能成为生活的主人，而不是奴隶。

一个毕业班的心理学教授在毕业生即将准备离校的时候将一个学生的成绩打了个不及格，而这件事对这个学生的打击非常大。毕竟他都已经做好了各项毕业的准备和毕业之后的各种计划，现在这一切又不得不统统取消，生活被一个不及格的成绩打乱，更为可恨的是这门课的成绩并不是十分重要，是可要可不要的，但是按照学校当时的规定，只要有一门课的成绩不及格，他就不能拿到毕业证书和学位。这一个结果对于那个学生来说无疑是晴天霹雳，如果真的出了校门去找工作，没有学位证书还好说，可是没有毕业证书又该如何是好呢？

对此，学生觉得很迷茫，摆在他面前只有两条路可以走：第一条是重修，只要将这门课的成绩考及格了，那么照样能拿到毕业证书和学位，但得下个年度；第二条就是什么都不要，一走了之，也就相当于从来没有上过大学，这不能给任何人一个很好的交代。

随后学生找到教授，问他是否能通融通融，让自己顺利地走出校门，进入社会工作。可是他的要求遭到了教授的拒绝。学生开始向教授大发脾气，可这位教授却出奇地冷静，等学生平静下来之后，对他说："你说的大部分都很对，确实有很多知名人物几乎不知道这一科的内容，你将来很有可能不用这门知识就能很容易地获得成功，你也可能一辈子都用不到这门课程里的知识，但是你对这门课的态度却对你大有影响。"

学生被教授的话吸引住了，他问："教授，您说的是什么意思？"教授回答说："我能不能给你一个建议？我知道你相当失望，我非常了解你的感受，我也不会怪你，但是请你用积极的态度来对待这件事吧，这一点非常非常重要，如果不由衷地培养积极的心态，根本做不成任何事情，请你记住这个教训，五年后你就会知道，它是使你收获最大的一个教训。"

在教授的劝说下，这个学生潜下心来重修了这门课，在期末考试的时候，成绩相当好。之后，他特地到教授家中感谢教授，并且表示，即便才过了一年，他也已经能感受到教授曾经跟他说的那番话的重要性了。他甚至还庆幸那门课没有通过，让他明白了这个世界上力量最大的就是积极的心态。

那么，我们在经历迷茫的时候应该怎么样用积极的心态来挺住消极的迷茫呢？只要有一点改变这个世界就不会是死气沉沉的了。如果你能这样安慰自己，那么相信无论什么样的消极情绪都不会影响得到你了。每个人都有迷茫的时候，好好调整一下心情，相信一切都会好起来的。不妨放自己一天假，做点自己喜欢的事放松一下。失败了，你可以告诉自己你还有一个机会尝试；摔倒了，你可以告诉自己正好有时间好好地休息一下！总之，为一切的消极因素找一个积极的理由，世界就会美好很多。总之，生活很多时候是迷茫的，但是更多的时候我们要懂得战胜迷茫，懂得挺住迷茫，懂得用自己的双手和思考来改变世界，做生活的主宰。

苦难是成功最好的激励

在人生的旅途中，如果一个人做事总是一帆风顺，那么他就会极易安于现状，从而失去了斗志，但当一个人遭受苦难之际，为了摆脱厄运，他会调动起全身心的潜在能力去创造和反抗，从而有所成就。所以，成功的获得往往是源于苦难。

有很多人问及成功者成功的根源时，他们会说："是苦难打造了我，是毅力成就了我。"从某种意义上说，是苦难造就了成功。伊索因此说："如果你受苦了，感谢生活，那是它给你的一份感觉；如果你受苦了，感谢上帝，说明你还活着。人们的灾祸往往成为他们的学问。"

成功者往往懂得直面挫折，所以，学会了如何面对人生的痛苦，从另一个角度看，也就是获得成功的智慧。生活免不了让我们遭受痛苦，但大师们教会了我们应对苦难的智慧。在他们的眼里，苦难是成功最好的激励。

俄国大学者米哈伊尔·罗蒙诺索夫，出生在俄国北部库尔岛上的一个小渔村里。自古成功多磨难，而他的磨难是特别的多。

罗蒙诺索夫的父亲是个渔民，目不识丁，罗蒙诺索夫小时候只能跟着教堂里的执事和有文化的舒伯纳大叔识字。

不幸的是，罗蒙诺索夫的生母和第一个继母相继去世，他的第二个继母心肠很刻薄，不断阻挠罗蒙诺索夫学习，但刻苦好学的罗蒙诺索夫却还是在很困难的条件下学完了《识字课本》。

然而，在这个荒野的渔村里，罗蒙诺索夫想要找到合适的课本很不容易。但天无绝人之路，有一天，他在邻村的杜金家发现了两本好书，可遗憾的是，小气的老杜金却不肯把书借给别人。

老杜金家的两个顽皮的孩子本来同罗蒙诺索夫关系很好，这时却也为难他，对他说：要是他敢在坟地里一个人过一夜，那他才配读这些书。罗蒙诺索夫当即坚定地回答："行！"

当晚，罗蒙诺索夫带上棉被，瞒着家人一个人到坟地里过夜去了。因为一心想着得到那两本书，他忍受着寒冷的狂风和上下窜动的瘆人磷火，在坟地里睡了一夜。

第二天，罗蒙诺索夫如愿地得到了那两本书。

很难想象，罗蒙诺索夫就是在这样艰难的条件下想方设法地不断学习，但他并不满足于此，他还在不停地克服各种困难，努力寻找着获得学习的机会。

这一年，罗蒙诺索夫带上邻居借给他的三个卢布，经过一个月的长途跋涉，来到莫斯科求学。

当时，莫斯科的学校都是为贵族子弟开设的，不招收罗蒙诺索夫这样的贫民孩子，这对历经千辛万苦而来的罗蒙诺索夫是一个很大的打击，可他并没有因此而绝望，并想办法让自己成功入学。

幸运的是，学校的教务主任是瓦尔诺索夫神父，神父很正直又很有学问，当他得知罗蒙诺索夫想来上学时，就让他背诵一首赞美诗。

神父听完罗蒙诺索夫的背诵，惊喜地说道：“这样优秀的学生，在我们学校还不多呢！”

神父一见这位少年如此渴望学习，决定向校长撒谎说罗蒙诺索夫是贵族出身，以帮助他进入学校。罗蒙诺索夫终于如愿进入了莫斯科最有名的那位学校，但是其他困难也随之而来。

由于罗蒙诺索夫的个子比一般的学生高出许多，穿的衣服很破旧，样子很土。那些披着羊皮袄的贵族子弟便时常拿他开心，并给他编了一个顺口溜：“大个子，大傻瓜，大头大脑大嘴巴……”

其实，这些对罗蒙诺索夫来说还算是小事，他最难熬的还是饥饿，父亲不负担他的生活费用，一块面包加一杯饮料常常就是他一天的口粮。

但就是这个被贵族子弟称为“大傻瓜”的罗蒙诺索夫，却在忍饥挨饿的困苦状态下，排除一切干扰，刻苦学习，在第一学年就完成了三年的课程，一下子升入了四年级。

罗蒙诺索夫在这所学校共学习了五年，以优异的成绩毕业，又被派送到彼得堡最高学府——彼得堡科学院深造，最终成为举世闻名的化学家。

事实就是这样，不能忍受挫折和战胜困难的人，只会是失败者，而能忍受得住挫折、忍受得住失败、忍受得住痛苦的人，往往是成功的人。成功者会把苦难看成磨练。他们把苦难当成激励自己前进的原动力，他们在苦难中鼓起生活的勇气，学会战胜困难的方法，在苦难中磨炼自己百折不挠的意志，使自己变得越来越坚强，进而达到胜利的彼岸。

用痛苦的柠檬，做一杯快乐的柠檬水

德国哲学家尼采曾经说过：“不仅要在必要的情况下忍受一切痛苦，而且还要喜爱一切痛苦，因为痛苦是人生前进的动力。”我们的人生始终与痛苦相伴，因为有痛苦，我们的人生才完美。因为有了痛苦这样最好的老师，我们会从一个懦弱者变成一个坚强者。痛苦是上帝也是魔鬼，痛苦能让成功者变得失败，让充满希望的人变得消极绝望。痛苦是上帝还是魔鬼，都在我们的一念之间，坚强者把痛苦当作动力，去寻找快乐的彼岸；而懦弱者则在抱怨痛苦的深渊中沉沦，从此与快乐绝缘。

美国青年班·特生双腿高位截肢，面对人生的巨大痛苦时，班·特生没有消极绝望，而是用超人的毅力战胜了痛苦，走向了全新的人生。今天，班·特生坐在他的轮椅中，是美国乔治亚州州政府的秘书长。1960年，班·特生在家中砍了一大堆树木的枝干，准备做家中菜园里豆子的撑架。当他把那些枝干装上车，开车回家时，突然间，一根树枝滑到车下，卡在引擎里，恰好是在车子急转弯的时候。车子翻出路外，把他挂在树上。他的脊椎受了伤，再也不能动。

那一年，他才24岁，从那以后，他没再走过一步路。

才24岁，如此年轻就要被判终身坐在轮椅上过日子。面对这突如其来的痛苦，班·特生不知该如何是好。他内心充满了愤恨和难过，他不停地抱怨自己的命运是如此的不幸，他沉浸在消沉绝望中。可是随着时间一年年过去，班·特生终于领悟到，抱怨命运和沉缅于其中是一点用也没有的。

当他用内心的力量克服了震惊和绝望之后，就开始生活在一个完全不同的世界里。他开始看书，对爱好的文学作品产生了喜爱。他说，在十几年的轮椅生涯里，他至少读了近2000本书，这些书给他带来了全新的世界，也因为有书使他的生活变得更加丰富。他空闲时就聆听好的音乐，他曾经觉得伟大的交响曲是多么的烦闷，而现在却能让他非常感动。这还不是他最大的改变，最大的改变是，他现在有时间去思考。有生以来第一次静下心来思考，仔细地观察这个世界，从书中找到了真正的价值观念。他忽然发现自己以前所追求的很多事情一点价值也没有。

他对政治产生了兴趣。他开始研究公共问题，并坐着轮椅到处发表演说，他在学习和交流的过程中认识了很多人，很多人也逐渐地认识了他。靠着毅力和勤奋，班·特生终于由一名残疾青年变成了一名成功者。假如班·特生没有高位截肢，假如班·特生面对痛苦意志消沉，那么，今天的乔治亚州州府的秘书长将是另外一个人。

许多伟大的成功者的事业上都铭刻着“痛苦”两个字。他们之中有非常多的人之所以成功，是因为他们在此之前就遭遇到巨大的痛苦，促使他们加倍地努力而得到更多的回报。正如威廉·詹姆斯所说的：“我们的痛苦对我们是一种持久的帮助。”

如果你是个有梦想的人，而且你已经踏上了追求的人生之途，那你就要学着去体验痛苦。你也许会说：“我再不需要痛苦，我体验的痛苦已经够多的了。”

你要永远记住你体验的痛苦是不够多的，你如果觉得你体验的痛苦已经很多很多，那你将被痛苦所扼杀。你要永远铭记“痛苦是人类的老师”这句话，痛苦会把人推到极致，让人在极致的情况下，要么生，要么死，要么前进，要么后退。如果没有黑暗中的痛苦，就不会有火的光明；如果没有战争的痛苦，就不会有和平的欢乐。

个人的痛苦是狭隘的。当你觉得被痛苦折磨得痛不欲生之时，其实你所体验的痛苦早就被很多人体验过了。所以在生活中，在你追求的人生之旅中，你要试着去做不幸者的朋友，打开你痛苦的视野，让你渺小的心灵深深懂得他人的痛苦是多种多样的，在你这种痛苦之外有着千百种痛苦。有疾病的痛苦，有衰老的痛苦，有失去孩子的痛苦，有失去母亲的痛苦，有失败的痛苦，有被朋友出卖的痛苦，有孤独的痛苦，有无人诉说的痛苦……

当你渐渐领略了许多种痛苦后，你的大脑里要有一条清晰的思维，你不能被这些痛苦所吓倒，你要懂得痛苦是快乐的源泉，是推动你不断前进的人生动力。

美国东方航空公司的董事长艾迪·肯贝克12岁时，父亲死于车祸，母亲则在他9岁的某一天离开了家，从此母亲带走的两个小妹妹，就再也没回来过。他的两个姑姑，又老又病，把剩下的5个孩子中的3个带到她们家。没有人要他和他的小弟弟，他们只好靠镇上的人来帮忙。他们都很害怕别人叫他们孤儿，也害怕别人像看待孤儿一样来看待他们，但很多事你越是害怕它就越是找着你。开始他住在镇上一个很穷的人家，日子过得很艰难，后来男主人失了业，他们再也没有办法养活他了。后来他就被住在离镇上11里的农庄里的一对年老的夫妇收留了。

男主人已经70多岁了，而且常年卧病在床。他告诉小艾迪说："只要不撒谎，不偷东西，能听话做事。你就能一直住在这里。"

这3个命令成了小艾迪的圣经，他完全遵守着这3个约定而生活着。他开始上学了，可是第一个礼拜，他犹如一个小婴儿似地躲在家里嚎啕大哭起来，其他的孩子都来找他的麻烦，拿他的大鼻子取笑，说他是个笨蛋，还说他是个"小孤儿"。他伤心得想去打他们，可是那个收留他的男主人对他说："孩子，你现在很伤心，你将来要记住这些伤心。"

小艾迪真的记住了这些痛苦，并把这些痛苦铭记在他所追求的人生道路上。可以说，如果没有小艾迪幼年的痛苦，就不会有今天大名鼎鼎的艾迪·肯贝克。

在生活中，不论你处在什么环境中，你每天都会碰到这样的人，你对他们怎样呢？你是只望望他们？还是试着去了解他们的痛苦？比方说一位邮差，他每年要走几百里路，把信送到你的门口，这是不是一种痛苦呢？比方说一位街角的乞丐，他望着你的目光和破旧的衣裳于他而言是不是一种痛苦？大街上与你迎面走过来的人满脸憔悴，他究竟又有着怎样痛苦的故事？这些人都有他们的痛苦、他们的梦想，他们也渴望有机会跟他人来共享，你有没有对他们的生活流露一份兴趣呢？也许只需要几分钟的交谈和细致目光的观察，你就会获得一笔痛苦的财富。

这种痛苦的财富是不用花钱买的，是上帝赐给人间的。从你开始追求人生目标时，你就要积攒这些财富，说不定，某一天，别人的痛苦会降临到你身上。而你，在多年前，已经习惯了做不幸者的朋友，你已深知这是一种怎样的痛苦，并学会了克服这种痛苦的方法。有了这些，你就能把痛苦转化成你人生中的快乐。

如果你正处于无法忍受的痛苦之中，那么就请记住这句话："如果有一个痛苦的柠檬，就用它做一杯快乐的柠檬水吧。"你会因为这杯快乐的柠檬水，而获得更多的幸福。

挫折和失败，让懦夫熬成强人

著名的哲学家伊曼努尔·康德说过，恐惧是对危险的自然厌恶，它是人类生活中不可避免的和无法放弃的组成部分。当你面对的敌人太过于强大让你心生畏惧的时候，这时你会怎么做？如果你选择放手一搏和对方全力比拼，即使胜利了也会两败俱伤。有经验的人会告诉你，不管站在你眼前的敌人是多么的凶猛，在面对他的时候只要激发内心的自信，你就会轻而易举地战胜他。

当初，宋太祖赵匡胤对南唐的威胁欺压可谓是肆无忌惮、得寸进尺。林仁肇是镇海节度使，此人有勇有谋，他得知宋太祖将要在荆南制造几千艘战舰，宋太祖目的是图谋江南。于是就将此事禀告了李后主。南唐的一些爱国人士得知此事之后便纷纷向李后主奏请，要求前往荆南秘密焚毁战舰，破坏宋朝南犯的计划。但是，李后主却胆小怕事，不敢答应此事，于是就错过了防御宋朝南侵的最佳良机。

最后，南唐国被灭，李后主沦为阶下囚，他的妻子被召进了宋宫，侍奉宋皇。李后主一直不敢过问关于她的一切。但是有人说她每次回来的时候都将门关得紧紧的，一个人躲在屋里伤心地抽泣。对于这一切，李后主一直忍气吞声，将所有的不愉快都往自己的肚里咽。实在憋不住时，就写些诗词聊以情怀。

李后主虽然在诗词上极有造诣，但是作为一个丈夫、国君，他是一个懦夫，一个彻彻底底的失败者。

其实，大多数的人都不能够完全摆脱怯懦和畏惧，有时也不免有懦弱胆小、畏惧不前的心理状态。如果它一旦成为一种习惯，就会是情绪上的一种疾病，这样的人往往做事情过于谨慎、多虑、犹豫不决、小心翼翼，在心中还没有确定目标之时，已含有恐惧的意味，当遇到挫折的时候就会退缩，因而影响自我设计的目标的完成。

一个怯懦的人害怕面对冲突，害怕丢面子，害怕别人不高兴。因此在选择职业的时候往往会因为懦弱缩手缩脚，不敢自荐。在领导面前他们谨小慎微，唯唯诺诺，不是语无伦次，就是面红耳赤、张口结舌，生怕说错了话，做错了事而影响自己在领导心中的位置。在公平的竞争机遇面前，由于怯懦，他们通常不能够充分发挥自己的才能，错失最佳的表现机会，于是就产生了悲观失望的情绪，导致自我评价和自信心的下降。

美国最伟大的推销员弗兰克说：“如果你是懦夫，那你就是自己最大的敌人；如果你是勇士，那你就是自己最好的朋友。”对于前者来说做什么事情都是不可能成功的，正如采珠的人如果被鳄鱼吓住，就得不到名贵的珍珠。实际上一个总是担心受怕的人，就不是一个自由的人，各种各样的恐惧、忧虑对于他来说无处不在，他看不到前面的路，更看不到前方的风景。正如法国著名的文学家蒙田说：“谁害怕受苦，谁就已经因为害怕而在受苦了。”懦夫怕死，但其实，他早已经不再活着了。

怯懦者总是不敢大胆地去做一些事情，久而久之他们就会低估自己的能力，觉得自己什么事情都做不好，再没有信心去处理本来能够处理好的事情。即使他们有非常大的潜力，由于怯懦会使他们精神压力很大遇事顾虑重重，长此以往就会容易引起焦虑、恐惧、神经衰弱等身心疾病。怯懦性格者的最大弱点是过畏惧和害怕，要克服这一弱点，就要借助气势的激励。对性格怯懦的人来说最好的方法就是常常给自己打气学会自我暗示、自我鼓励等方法，培养自己无所畏惧的气势。要善于发现和肯定自己，提高对自我的评价和信心。在日常生活中有很多事情能够锻炼我们的意志。比如说制定了终身学习计划并一直坚持下去，刚开始时很困难，只要咬紧牙关，渐渐地你就会发现其实事情并没有你想的那么复杂那么遥不可及。只要成功了几次，你一定会增强勇气和信心的。

许多人之所以怯懦，无非就是不能够接受失败的结果。越怕就越不敢行动，越不敢行动就越怕，这样就会陷入恶性循环之中。我们要懂得：越是感到怯懦的事越要大胆去做，只有大胆地去尝试去做，你才能战胜你的怯懦。

心理学家为此做了一项调查，他找来那些备受怯懦之苦的人让他们说出自己最深的恐惧是什么，以便于找出怯懦的原因，并预测最坏的结果是什么样的。既然最坏的结果不过如此，你还担忧什么呢？只管放手大胆地去做，只要在做的过程中尽自己最大的努力把事情做好就可以了。

人身上的潜能是无穷无尽的，或许有的时候连你自己都不知道，但是为什么绝大部分却处于休眠状态？这大多数是受到你心理上无形障碍的影响和阻碍。如果你想充分发挥你自己的潜能，你就应该清楚地明白自己，最害怕做什么事，再将这些事情记下来逐个击破。这样每完成一件事，你就跨越一个心理障碍，解去一根捆绑自己心灵的绳索，消除一次“我从未做过”的念头，擦去一个“我不敢做”的想法。

对待失败要有一颗恒心

每个人的人生历程都不可能一帆风顺，都难免会遇到失败和挫折。如何对待失败和挫折，对于任何一个人来讲都将是一次次考验。

很多人都追求成功而害怕失败，一旦失败就会表现出一幅愁眉不展的样子。实际上，失败并不可怕，关键是你对待失败的态度是怎样的，承认失败的客观性，并不是消极地被失败所左右。之所以会失败，不是方向错了就是方法错了，要失败中总结教训，被一块石头绊倒后，当面对另一块石头时，找到正确的应对措施。多犯一些错误后，就离成功不远了。换而言之，正确面对失败，失败就会成为成功的基础。

泰国的十大杰出企业家之一施利华应该算是一位传奇人物了。最开始，他是一位股票投资者，当他在股票市场无所不敌时，他说："我玩够了，我要进入另一个行业。"于是，他转入了地产业。时运不济的他，把自己所有的积蓄和从银行贷到的大笔资金都投了进去，在曼谷市郊盖了15幢配有高尔夫球场的豪华别墅。可是他的别墅刚刚盖好，亚洲金融风暴出现了，他的别墅卖不出去，贷款还不起，只能眼睁睁地看着别墅被银行没收，连自己住的房子也被拿去抵押，还欠了相当一笔债务。

一段时间之内，施利华的情绪低落到了极点，老是自问："为什么一向无所不敌的我，会走上这样的一条失败之路，难道我就这样一生再也无所建树了吗？"

几经周折，施利华决定重新做起。他的太太是做三明治的能手，她建议丈夫去街上叫卖三明治，施利华经过一番思索后答应了。从此曼谷的街头就多了一个头戴小白帽、胸前挂着售货箱的小贩。

很快，施利华做小贩、卖三明治的消息传了出去。人们奔走相告，昔日亿万富翁施利华在街头卖三明治，所以到施利华那儿买三明治的人骤然增多，有的顾客出于好奇，有的出于同情。还有许多人吃了施利华的三明治后，为这种三明治的独特口味所吸引，经常来买他的三明治，回头客不断增多。随着时间的过去，施利华的三明治生意越做越大，他也慢慢地走出了人生的低谷。

在1998年泰国《民族报》评选的“泰国十大杰出企业家”中，他名列榜首。作为一个创造过非凡业绩的企业家，施利华曾经倍受人们关注，在他事业的鼎盛期，不要说自己亲自上街叫卖，寻常人想见一见他，恐怕也得再三预约。上街卖三明治不是一件怎样惊天动地的大事，但对于习惯了发号施令的施利华，无疑需要极大的勇气。

人的一生会碰上许多挡路的石头，这些石头有的是别人放的，比如金融危机、贫穷、灾祸、失业，它们成为石头并不以你的意志为转移；有些是自己放的，比如名誉、面子、地位、身份等，它们完全取决于你的心性。生活最后成就了施利华，它掀翻了一个房地产经理，却扶起了一个三明治老板，让施利华重新收获了生命的成功。

曾有人问施利华，他是如何面对自己的挫败的，又是如何及时调整自己的心态来面对这一切困难重新开始的？对此施利华就说了这样一段话：“我只是把挫折当作是使你发现自己思想的特质，以及你的思想和你明确目标之间关系的测试机会。如果你真能了解这句话，它就能调整你对逆境的反应，并且能使你继续为目标努力，挫折绝对不等于失败——除非你自己这么认为。”

是啊，当我们面对挫折时如果能这样想，那么我们会怎样呢？答案是继续努力，实现自己的目标，当再一次遇到困难时，勇敢地去战胜它。

美国作家爱默生说：“每一种挫折或不利的突破，都带着同样或较大的有利的种子。”如果施利华不能正确地对待失败，那么，他就不会再有后来的成功，也不会再有以往的辉煌。

成功的人往往不欢迎不会犯错误的人。因为如果你想避免失败，最根本的办法就是：你不去做任何事情。当然这样做你何时也不可能成功，同时不犯错误并不能说明你的水平高、技艺好，而可能反映你根本没有去尝试新的东西。一个人要尝试创新，必须冒着极有可能失败的风险，最成功的创造者往往是那些失败相对较多的人。如果你想取得成功，那么，你就必然要经历更多的失败。

在失败面前，至少应该有三种人。一种人是无勇无智者，他们遭受了失败的打击，从此一蹶不振，成为让失败一次性打垮的懦夫。一种人是有勇无智者，他们遭受失败的打击，并不知反省自己、总结经验，但凭一腔热血，勇往直前。这种人，往往事倍功半，即便成功，亦仅是昙花一现。另一种人是智勇双全者，他们遭受失败的打击后，能够审时度势，调整自己的思维方式，在时机与实力兼备的情况下再度出击，卷土重来。所以，成功常常莅临在他们头上。

面对挫折，我们应该正确处之，无论在任何时候，对于一个渴望成功的人来说，挫败是十分正常的事情。颓废是可耻的，重复失败则是灾难性的。失败为成功之母，要从挫折中吸取教训。成功是一连串的奋斗。要敢于屡败屡战，抛弃消极思想，全力以赴，不消极等待，在吸取教训中克服阻碍，做自己最好的对手，不断地去战胜自己。

第七辑 相信因果循环，明天的福报源自今天

人们常常说这样一句话：不是不报，时候未到，你今天埋下一颗什么样的种子，明天就会开出什么样的花。善行，是幸福的敲门砖。善良可以换得人生的幸福。

自己的福田靠自己耕种

俗话说，给人方便，与己方便。但是就有那些心胸狭隘的自私者心里只有贪婪索取，他们根本不懂得分享的美好，他们每天只想着为了利益而争斗，让自己疲惫不堪，也让别人对自己充满敌意和防备。这样的状态，怎么能快乐呢?

古时候有一个大地主王守财，为人刻薄、爱财如命，想尽一切方法敛财，他家里有一间屋子堆满了黄金和白银。但是他不舍得多花一分钱，更不要说做一点点善事了，就连他自己的日常生活也过得和穷人一样。因为过分的吝啬，人们非常讨厌他。他没有一个朋友，刚刚四十岁就抑郁而死。因为没有子嗣，他的财产全部归为国有，全国的所有子民都为之大快人心。

一天佛祖云游来到这里，一位修行僧人见到佛祖便问："弟子愚钝，心中不解，像王守财这样悭吝的人，为什么今生会这么富有呢?"

佛祖微笑道："我佛慈悲，这是业报，是有前因的。王守财的前世曾供养过一位辟支佛，种了不少善根，所以得到了多生多世的福报，今生是最后一次的余福了。"

僧人又追问道："王守财今生虽未行善事，但也未造恶业，他的来生能不能也像今生一样的大富呢?"

佛祖摇摇头说："不可能了！他的福报已经享完了，本来今生他可以播福田，来生而享受福报，但是他已经错过了。"

《因果经》有一首偈这样说道："富贵贫穷各有由，夙缘分是莫强求。未曾下得春时种，坐守荒田望有秋。”其实，人世间的事，无论好坏、善恶、得失、有无，都有其因果关系，没有任何一件事可以脱离因果法则的。

净空法师告诫世人："舍与得互为因果，往与复本来是自如的，如果领略其中奥意，自然可以打破分别之心。佛无分别心；无分别心，即无烦恼挂碍，心境圆融通达，万象归于一乘，人生有限之生命就会融入无限的大智慧中。"

两个人因为十恶不赦，就在上帝面前忏悔，上帝对他们说："我现在就让你们去投胎转世，有两种人，一种是整天给予，一种是整天得到。你们选择做哪种人呢？"

一个人抢着说："我当然要做得到的人。"

上帝笑了笑。他转过头来问另一个："你要做哪种人呢？"

另一个人答道："我犯的过错实在是太多了，如果能够，我想做一个给予的人。"

于是，上帝让那个想得到的做了乞丐，因为只有乞丐才会整天"得到"。而让另一个成为富有的人，因为只有自己拥有，才能整天给予他人。

许多人都喜欢索取，就像那个想整天得到的人一样，他们总希望别人为自己做点什么，甚至认为别人为自己所做的是理所当然的。对于给予者来说却恰恰相反，他们把为别人着想当成一种习惯，喜欢将心比心，认为付出是一件很自然的事情，他们更不会利用苦苦相逼来获得那么点可怜的满足。

很多人认为给予别人是会吃亏的，只有傻瓜才会那样做。他们在付出之前，首先考虑的是对他们有没有好处。正因为有这种想法，他们的付出才显得小心翼翼。其实每个人的心中都有一杆秤，当只知索取的丑态原形毕露之后，肯定也会受到道德的谴责。

佛经上说，无畏布施，种善因的善果。你只要愿意动手播种自己的福田，就会收获福果，福果何时成熟，就要等待机遇和姻缘了。所以，舍弃悭吝，在你人生的某个时候，一定会获得属于自己的福惠！

施予者比接受者更有福

施是付出，是给予；受是接受，是得到。施与受似乎是两个对立的名词，但是它们两个又是相互依存的，因为没有施何来受呢？你也许会说："我把东西施于别人，那么我不就是失去者吗？施有何福可言呢？"其实你错了，你错把"施"等同于"失"了，因为你在施的同时也会有所得。

佛说：一花一世界，一叶一菩提。可见一花一叶、一草一木都在施与人们清香、绿荫，它们在施的同时也有所得，它们不是得到了人们的喜爱和爱护吗？很多时候施比受更有福，施与别人一个微笑，得到的不仅仅是一个微笑，还有心灵的慰藉；施与饥饿的人一个面包，得到的不仅仅是一句"谢谢"，更多的是感受到自己存在的价值；施与孩子一个亲吻，得到的不仅仅是孩子的一个亲吻，还有那份天伦之乐。

有一对兄弟，大的 11 岁，小的才 4 岁，因父母早逝，没有人照顾，吃了很多苦。为了不至于饿死，哥哥带着弟弟来到城里讨饭。他们敲响第一户人家的门，这家人在门里说："我们这里是不会施舍任何东西给叫化子的。"他们敲开了另一户人家的门，里面的人说："自己去干活挣钱，有钱就有饭吃了，不要来麻烦我们。"

兄弟二人不断地被斥责，被撵出家门，他们已经陷入了绝境。但天无绝人之路，他们终于遇到了一位好心的妇人。妇人对他们说："啊，我可怜的孩子，让我去看看有什么东西可以给你们吃。"过了一会儿，她拿了一瓶牛奶送给了兄弟俩。

兄弟俩坐在公园的草地上，像过年一样高兴。弟弟双眼凝视着牛奶，对哥哥说："你先喝，一路上都是你背的。"哥哥看了看弟弟，拿起奶瓶假装喝了一口，一滴牛奶也没喝到，就连嘴唇都没有碰到牛奶。然后，他把奶瓶递给了弟弟："现在轮到你了，一次只能喝一点点。"

弟弟急忙接过奶瓶，喝了一大口，哥哥又接过瓶子，假装喝了一口。就这样奶瓶在兄弟两个手里来回传递，哥哥一会儿说："现在该你了。"一会儿说："该我了。"一瓶奶就这样喝完了，而哥哥一滴也没有喝到。

哥哥付出了爱心，得到的是弟弟的满足和快乐。哥哥因付出得到了回报而幸福，当然，这种爱的回报是无限的。虽然他肚子空空，却幸福满满。

幸福不仅仅是因为得到，有时付出、给与会让你更加幸福。因为付出可以让你得到满足，让你感受到自己存在的价值。另外，你还能收获更多的友谊和幸福。

有一天，一个和尚找到佛祖，问道："天堂和地狱到底有什么区别？"佛祖听后就把他带到了一个房间，佛祖对这名和尚说："这就是地狱。"房间里有一个大锅，里面装满了煮熟的食物，在锅的四周围着许多人，他们目光呆滞，面黄肌瘦，他们沮丧的望着手里的汤勺，由于汤柄太长，可以舀到食物但却吃不到食物。佛祖又带着这名和尚进入了另一个房间，对他说："这就是天堂。"可这个房间与刚才进去的房间一模一样，同样是一口煮食的大锅，四周围坐着一大群人，手中都拿着同样的汤勺，汤勺的柄一样很长。但气氛却完全不同，这里的每个人都面色红润，精神抖擞，他们一边吃着，一边有说有笑。和尚看完这个房间，奇怪地问佛祖："为什么同样是一口大锅、一柄长勺，天堂里的人可以快乐地吃着，而地狱里的人却愁眉不展呢？"佛祖微笑着说："难道你没有看到吗？天堂里的人都愿意喂对方。"和尚恍然大悟。

英国诗人白朗宁说："把爱拿走，地球就变成一座坟墓。"是啊，不愿去喂对方，不懂得互相帮助，我们的生活就如同地狱。

所以，当你帮助别人之后，别人会对你心怀感激，也许你在帮助别人的时候，并没有想从他那里得到什么相应的回报，但是，就是这种无私的帮助常常能带给你额外的收获。你的帮助在给别人带来快乐的同时，你自己也会感到前所未有的满足，难道不是吗？这就是为什么那些懂得帮助别人，懂得与人分享的人们为什么生活得很开心的原因。

今天善良的种子，会在明天发芽

善行，是幸福的敲门砖。善良可以换得人生的幸福。佛家总是劝人为善，其实，这就是在引导人们走向幸福之路。你有多么善，你就会有多大的福气。我们不妨看一个佛教故事：

从前有个秀才，由人做媒，给他介绍了一个漂亮的富家小姐为妻。两个人经常见面，卿卿我我，开心极了。一年之后，书生和那位小姐约好在某日结婚，可到了那一天，小姐却嫁给了另一个人。

秀才深受打击，从此一病不起。

这时，家里来了一个游方和尚，和尚从怀里拿出一面镜子给秀才看。

秀才看到镜子里面是一片茫茫大海，一名女子惨遭强盗杀害，正一丝不挂地躺在海边的沙滩上。这时，来了一个农夫，只是看了女子一眼，摇摇头就走了。不久，有一个骑马的路过，他看到裸身的女子，就将自己的披风脱下将其盖上，也走了。又过了一会儿，一个挑柴的的樵夫路过，他看了看女尸，就在旁边挖个坑，将尸体给掩埋了。

秀才看完了疑惑不解，和尚便说道，海岸边的那具女尸，就是那位富家小姐的前世。秀才是骑马的人，因为给过她一件披风，所以今生和他相恋，就是为了还他这个情。而那个樵夫，才是她最终要报答一生的人。所以，她将自己的一生一世都给了这个人，那人就是她现在的丈夫。

秀才听后，突然大悟，病立马就好了。

和尚还说，第一个人看到女尸只摇了摇头，只说明他有怜悯之心，却没有善良的行动，所以，他没有得到任何的福报；秀才只给了女尸一件披风，虽有善心也有善行，但不彻底，所以只能得到女子一年相伴的福报；最后那个人，让女子入土为安，是大善，所以获得了女子一生的福报。

上面的故事告诉我们，一个人有多大的善，他就会有多大的福。有理性、有同情心是人的一个重要特征，一个根本不知道关心、同情他人的人，一定会受到亲人的疏远、朋友的冷遇、同事的不尊重甚至是遭到所有人唾弃。不是有这么一句话吗？“与人玫瑰，手有余香。”在这个世界上，更多人是喜欢善良、崇尚善良、向往善良的。只要有一颗善良的心，就能与周围的人和平、愉快相处，只有拥有善良才会有幸福。所以，两千年前耶稣就说过：“善良的人有福了。”

这是一个大雪纷飞的晚上，杰克开着车，走在回家的路上。

他心里非常难过和不安，不知道回家怎样和妻子交代。他该怎么开口呢？工作还是没有找到。圣诞节快来了，希望是不是也要随之破灭呢？

想起妻子，他心里就觉得很对不住她，心里的焦急差点让他错过了路边一个向人求助的老太太。他可以看出，老太太是多么需要帮助啊。

杰克停下了车。

老太太看见杰克向她走来，不禁神情紧张。她在这里等了很久，没有一个人肯停下来帮助她。

“他会伤害我吗？”她这样想着，打了一个寒颤。

杰克看出她的紧张和恐惧，便微笑着她说：“夫人，您别害怕。我是来帮助您的。”他看看她的车，轻声说：“我看您的车没有太大毛病，我一会就可以给您修好。”说着，他蹲下身爬到了老太太的车底下。

一会工夫，杰克拍拍身上的雪，轻松地对老太太说：“好了夫人，这下您的问题解决了。”

“年轻人，真感谢你。请问，我要向你付多少钱呢？”她接着说，“我真的对你感激不尽。我等了一个多小时，只有你肯帮我。不管你要多少钱，我都会给你。”

杰克帮她关上后备箱，愉快地说：“我怎么会要您的钱呢？您赶快上路吧，祝您安全到达目的地。如果您真心想谢我，请您再去帮助那些需要帮助的人吧！”

老太太感动地和杰克说再见，开车上路了。

老太太开着车沿着这条道路行使了几英里，她看见路边有家小小的咖啡馆。“我该停下来喝杯热茶，暖暖身子。”她这样想着，下了车。

她刚走进咖啡馆，一名面带微笑的女侍者便朝她走来。侍者始终甜甜地微笑着，让她觉得心情真是出奇得好。

“我今天真是幸运，遇到这么好的人。”她在心里想着。突然，她瞟见了女侍者隆起的腹部，天啊，她至少已有七八个月身孕了。

结账的时候，老太太拿出 100 美元买单，女侍者忙拿着这 100 美元去柜台找零钱。

当她拿着零钱再回来的时侯，却不见了客人，忽然看到她所坐过的餐桌上有一张写了字的餐巾，上面写着：“亲爱的孩子，也许，这一点钱能帮助你什么。我知道，你一定正需要它。但是，你并不会因此而欠我什么，我曾经跟你一样，有人曾经帮助我，就像我现在帮助你一样。如果你真想回报我，就请在别人需要的时候，也尽力去帮助别人吧，祝你好运。”女侍者顿时热泪盈眶。

女侍者下班回到家后，看到找工作回来的丈夫，便主动给了他一个温存的吻，柔声说：“亲爱的，我第一天上班就得了 80 美元的小费，一切都会好起来的。我爱你，杰克。”

我们的善行有时会获得意想不到的结果，甚至有时我们都无法察觉。威廉·握兹涯斯说过：“一个好人生命中最珍贵的那一部分，就是他微小、默默无闻、不为人知的、仁慈与爱的善行。”

在很多人的潜意识里，善良往往被当成容易被人欺负的根源，因此，很多人藏起自己的善良，拿出一份恶来保护自己。失去善良，这是人生中最严重的缺失，因为无论一个人多么有才华，要是他没有慈善的心，那么，他无论如何也不会成为一个幸福的人。只有心存善念，做善事，命运就会因此而改变。

爱是双向的，爱自己才能被人爱

爱，是双向的，但并不是自然发生的。当我们试着去爱他人的时候，我们才有可能得到他人的爱。生活中，很多人都在苦恼：“为什么我无法获得别人的爱？”发出这些疑问的人，他们是无法得到别人爱的。因为，他们一开始就不知道如何去获得别人的爱。

爱不是自然发生的，太多的人不懂得这个道理。在他们的头脑中，他们在意的只是如何被爱，却不是如何爱人。拥有这种想法的人，他们首先不知道如何自爱。

自爱是爱的一种基本能力，一个尚且不知道如何自爱的人，又有什么能力去爱他人呢？如果你不能付出有效的爱情，又怎能奢望他人的爱呢？

被爱，首先要从自爱开始。

一个自爱的人，他懂得利用自己的优点，也知道宽容自己的缺点；他不会对自己有过于苛刻的要求，自然也不会对别人吹毛求疵；他的心胸是宽广的，心境是平静的、明亮的。所以，他给人的感觉是恬静的、美好的、容易相处的。

一个自爱的人，他会十分重视自己性格的发展，因为他知道只有性格才能让他独一无二，与众不同；他不会盲目地崇拜任何一个人，以至于迷失了自我；他会积极主动地吸取他人的优点，毫不留情地改正自己的错误；他对自己的态度是公正的、平和的。所以，他给人的印象是积极进取的、公正无私的、值得信赖的。

由此可见，一个懂得自爱的人，他本身就可以具备众多具有吸引力的优点，更遑论这样的人还会秉持着“己所不欲，勿施于人”的信条。一个自爱的人，在关照自身的同时，便已经推及到了他人。

一个自爱的人，他会主动承担起家庭的责任。因为家庭对于他来说，就如同自己。他必须维护家庭的稳定，消除家庭的矛盾，争取家庭的荣誉。他会尊重父母的意见，但不会毫无甄别地加以接受；他会热爱自己的兄弟姐妹，但不会隐瞒他们的缺点、错误；他既是家人的亲人，又是家人的朋友；他会为家人做出必要的牺牲，但不会与家人计较自己的得失。

一个自爱的人，他会主动关心朋友的生活。因为朋友对于他来说，就如同另外一个自己。他会为朋友的磨难而雪中送炭，他也会为朋友的成功而锦上添花。对待朋友，他真诚无私。当然，他不会刻意去逢迎一个地位高尚的朋友，也不会鄙视一个地位低下的朋友。对于朋友，他不卑不亢、不偏不倚。

一个自爱的人，他会全心全意地去爱自己的恋人。因为恋人对于他来说，就如同自己的灵魂。他必须保持灵魂的平静与安宁、幸福与健康。对恋人，他会无微不至、体贴入微，默默奉献自己的一切；对恋人，他会用心感受，努力实现恋人的梦想；对恋人，他也会时时鞭策，帮助爱人改正自身的缺陷。

总之，一个自爱的人，他的眼中不仅容纳着自己，更涵盖着他人。他懂得如何去爱自己，他也同样懂得如何运用自己爱的能力去关爱他人。

中国的哲学家老子曾说：“圣人后其身而身先，外其身而身存。”同理，一个懂得自爱的人，他会毫不犹豫地去爱别人，而当他爱别人时，他已经得到了别人的爱。

学会分享，你的人生才不会孤独

分享是一种无私的境界，之所以说是一种境界，是因为我们越来越缺乏分享的精神。激烈的社会竞争，日益增加的生活成本，使我们更多地关注于自己的利益。在我们看来，每一个人都是自己的潜在竞争对手，我们必须有所防备，这样才不至于被对手打个措手不及。日渐加重的防备心理，使越来越多的人对他人关闭了自己的心扉。孤独，成为了这个世界的一个普遍特征。

其实，分享应该成为我们的一个日常常识。因为，从远古时代起，我们就是在分享中一起抵御生存危机的。我们分享自己的劳动，分享自己的食物，分享自己的智慧，分享每时每刻都在我们的生活中起着至关重要的作用。可以说，随着时间的推移，分享已经深深地刻在了我们的内心深处。即使是在私有制出现，并成为普世价值的漫长历史中，人们也没有忘记分享。道德在始终呼唤人们之间博爱平等，而宗教也在教导人们要乐善好施。分享其实一直就在我们的身边，而我们却越来越将其忽视。

没有一个人可以孤独地走完自己的一生，无论怎样，他都要和其他人发生关联。爱因斯坦在诺贝尔奖的颁奖仪式上曾说过这样一段感人肺腑的话：“人是为别人而生存的——首先是为那样一些人，他们的喜悦和健康关系着我们的全部幸福；其次是为许多我们所不认识的人，他们的命运通过同情的纽带同我们紧密地结合在了一起。我每天上百次地提醒我自己：我的精神生活和物质生活都是以别人的劳动为基础的，我必须尽力以同样的分量来报偿我所得到的东西。”

是的，我们大部分时候都是在为他人而生活，这其实就是一种自我的分享，我们将自己分享给了他人。

可是，现在的人们何以如此缺乏分享的理念？我想，大概就是他们忘却了自己为他人而活的责任了吧。责任，是一个人履行自己义务的重要推动力。一个有责任心的人，他考虑的不仅仅是自己，更多的是他人。如何为他人创造出更好的生活，这不仅关系着自己价值的实现，也关系着自己与他人感情的实现。没有人愿意是孤独的，人们的内心总是渴望去和他人交流，去分享自己对生命的体验。“太上立德，其次立功，其次立言。”对于人们的追求来说，最低的标准也是要著书立说，以期流芳百世。每个人都渴望与更多的人分享自己的思想，正所谓“好咖啡要和朋友一起品尝”。唯有如此，我们才能使更多的人了解到咖啡的香甜，进而认同自己的观念。分享的越多，得到的肯定也会越多。

然而，很多人却认为，自己抓的越多，得到的才会越多。于是，这些人忘我的工作，希望可以得到更多的回报。或许，他们得到了许多物质上的回馈，但是，他们很有可能失去精神上的安乐。过度的劳累，不仅可以产生心理上的焦虑，而且也妨碍了他们与家人的正常交流。只关注攫取而忽视交流的人，是无法找到生活的真谛的。浑浑噩噩的生活，对他们来说，得到的越多，失去的也越多。“少则得，多则惑。”我们关注的东西越多，我们的视野也容易被纷繁复杂的情景所遮蔽。“多”使我们偏离了寻找真理的轨道，最终使我们迷失在这个混乱的世界当中。唯有“少”，则可以使我们集中心智，找到统率万事万物的规律。所以，绝不要锱铢必较，尽情地去分享吧，因为你分享的越多，得到的才会越多。当你从分享中窥到了生活的真谛，你就得到了世上最宝贵的财富。贪得无厌，自私自利，最终只会使自己众叛亲离，孤独无依。

培根说：“如果你把快乐告诉一个朋友，你将得到两份快乐；而如果你把忧愁向一个朋友倾诉，你的忧愁就将被分掉一半。”马克·吐温说：“悲伤可以自行料理；而欢乐的滋味如果要充分地体会，你就必须有人分享才行。”……在这些伟大的人类思想家眼里，分享永远是一个解救人生的良药。去分享吧，就像自己从来不曾拥有一样。只有当自己真正地融入到社会，融入到自然之中时，我们才能体会到那种无欲无求，却又时刻被满足喜悦所围绕的无限惬意之中。

吃亏在当下，受益在未来

如果明知是一件吃亏的事情，你还会尽心尽力地去做吗？可能很多人会说，明知是吃亏的事情还去做，那不是傻子么！殊不知，能吃亏是做人的一种境界，会吃亏是处事一种睿智。吃亏决不亏，惜福才有福！那些只专注眼前利益，只看到眼前得失，不肯吃亏的人，反而失去的更多。

其实，人的生命是非常短暂的，功名利禄这些东西生不带来、死不带去，如果太过于计较的话只会徒增烦恼。倒不如看的淡一些，好好地享受当下的快乐。有的时候，一件看似吃亏的事，往往会变成非常有利的事。

大多数的人们都知道这样一句话：吃亏是福。但是在现实的生活中很少有人能够做到主动吃亏，这并不仅仅因为人性的弱点，很难拒绝摆在面前本来就该你拿的东西。但是如果只顾一时的利益，失去的就会是长远利益。

吃亏和受益二者是相互存在的，我们无论做什么事情都不能够只想着自己的利益，有些事情当时看似是受益了，但是最终可能付出的会更多。我们更不能时时怕吃亏，有些事情当时可能是吃亏了，但是最后或者会获得一个受益的结果。天地轮回，平衡是一个永恒的主题。无论什么人、什么事都不可能永远受益，也不可能有永远吃亏。

在温州有一位商人以“吃亏”赢取别人的信誉，在陕西铜川开了家机电设备公司，别人都叫他刘老板。一次，有个老客户来买电器配件。这位客户非常着急，如果今天拿不到配件的话，企业停工一天将损失5万多元。

刘老板找遍了所有的公司都没有找到这样的配件。他安慰客户不要着急，他保证用一天的时间找到配件。刘老板亲自直奔西安，但是也没有货。于是连夜乘机飞赴杭州，下飞机已是凌晨3点。他又辗转打车来到温州老家。在温州，经过好几周的折腾联系后才买到那个奇缺的电器配件。为了赶时间到温州机场，出租车从他家门口路过他也没有探望二老。当他把货交到客户手中时，时间刚好。一个300元的配件，顶多赚30元的利润，但刘老板付出的远远不止这些。

第二天客户所在企业敲锣打鼓送来大匾，还带上当地媒体……很快刘老板的事迹在同行业内流传，他“甘愿吃亏”使他公司的生意日益兴隆。这件事说明，刘老板赢得长远的利益，眼前小的损失又算得什么呢?

从某种意义上来说，有些人希望在自己年轻的时候多经历一些挫折磨难，因为还有再来一次的机会。多一份磨难多一份成长，让你发现自己原来这样的能力，也许你会从中找出更多的机会，你人生的道路也会更多一次选择的机会。

成功对于我们每一个人都是最公平的，它不管你吃亏没吃亏，它只知道你有没有付出，随着你心智的成熟、人生阅历的增长，在它那里有完善科学的指数，给出一个最公平的分数。但机会却是调皮的，它愿意光顾那些吃亏的人，他们的每一次努力都是在一步步地向机会迈近。

许立信是移民美国的港人，machines由他创立，在2000年这家公司出现了危机，当年被纳斯达克摘牌。2001年底许立信以1.6亿美元把machines私有化，使得公司的运作起死回生，使他成为美国第三大电脑生产商，仅次于戴尔和惠普。在2002年的时候他说服Gateway以2.9亿美元的价格将machines收购了，在这项交易中许立信将获利约1.3亿美元（约6亿元人民币）拿出来给公司上至管理层和公司约140名员工，员工收到400多万元人民币的时候感动得都流泪了，因为一般的老板是做不到的。但是许立信则认为自己并不是一个慷慨的人。他说：“我已经把最大的那份留给了自己，每个员工部都有权利分享他们努力成果。”

在我们的现实生活中许许多多的人都只顾着自己的利益，但是许立信在他在利己的同时兼有另一种美德，那就是利人。这样的人是非常聪明有智慧的。

智者往往都认为吃亏是福。不管你是在工作中还是自己当老板的时候，让别人决定跟着你有奔头，他才会一心一意为你效劳或是合作；而生意上的伙伴同你做生意总能赚得到钱才不会朝三暮四。因为他知道你赚你的，他赚他的，有生意大家就一起赚钱。给员工的工资福利多一些，成本就会加大，给生意伙伴多几个点的折扣率，当然“吃亏”。可你让员工得到了实惠，他们得到的同时，你不是也收获了很多吗？如果你的生意伙伴知道，和你合作比和其他人合作得到的利益会更多，他就会成为你长期的合作伙伴。能想明白吃亏就是占便宜，而且还能够身体力行，这实在是一种很高的境界。

然而，也有一些人遇事都愿意自己吃亏，结果世人都愿意让他占便宜；对社会只求奉献不求索取，结果却从社会中获得了许多益处；宁可委屈自己也不愿委屈他人，结果反而能扬眉吐气；从来不把自己凌驾于他人之上，结果赢得了大家普遍的尊敬与爱戴；从来不与别人争权夺利，结果没有一个竞争对手，在社会上独领风骚。

帮助别人就是在帮助自己

“各人自扫门前雪，莫管他人瓦上霜。”这句话被现实中的人当成竞争制胜的法宝。但是，“各顾各”只能让一个人在圈子中有“小得”，要想深深地扎根圈子中，还需要对同事多一份善意，懂得帮助同事、客户以及在圈子中遇见的所有人。在必要的时候，本着“友善第一，竞争第二”的原则，向他们伸出援助之手。

《圣经》上说，“助人就是助己”，在现实中，只有你先付出了，别人才会回报你。

有一个妇女，丈夫在不久之前去世了，自己带着女儿艰难度日。她原来在一家工厂上班，几年前，由于经济不景气，工厂面临着倒闭，她下岗了。但是她平时待人比较随和，在街坊邻居中极有人缘，下岗不久在亲戚朋友们的帮助之下开了一家饭馆。

饭店在刚开张的时候生意不怎么好，但是女店主忠厚老实，又热情公道，渐渐地有了回头客，生意也一天天地好了起来。

或许是女店主人比较厚道，几乎每次到了吃饭的时间几个乞丐都会相继来到这里。客人们常对女店主说：“这些都是好吃懒做的主，快把他们轰走吧，别可怜他们！”女店主总是笑笑说：“算了吧，你看他们风餐露宿的，也挺可怜的，谁还没个难处。”人们都说，这女店主太善良了，小镇上其他店主一见到乞丐上门，就会严厉地呵斥辱骂，毫不留情地赶走他们。但是这位女店主则每次都会微笑着给他们的饭盆里盛满热饭热菜，而且多是从厨房里取出来的新鲜饭菜。一点也不嫌弃这些肮脏不堪，令人厌恶的乞丐。

日子就这样一天天地过去了，在一天夜里，服装市场里一家店铺由于电线短路，引发了一场大火。加之火借风势，眨眼工夫整个市场便成了一片火海。女店主的店铺就在隔壁，她眼睁睁地看着辛苦张罗起来的饭店就要被熊熊大火所吞没，心急如焚。就在这时，平常天天上门乞讨的乞丐起来帮忙，将女店主的财物全都搬了出来。消防车很快就开了过来，大火被扑灭了。小饭店由于抢救及时，损失很小。而周围的那些店铺，却因为得不到及时的救助，全变成了废墟。

大火过后，人们都说是女店主平时的善良行为得到了回报，要是没有这些平时受她恩惠的乞丐们出力，饭店恐怕也会变成一堆瓦砾。

在现实中，如故事中的女店主一样，当你帮助他人的时候，他人也会对你心存感激，人缘好了，你自己有难的时候帮助你的人也就多了。那些获得你帮助的人会慢慢累积成一股宏大的力气，回馈给你赞助与支撑。

世界著名汽车制造商杜兰特的总裁叫卡洛·道尼斯。他曾是杜兰特手下的小职员，当他谈起为何有今天被提升为总裁时说："当我还是一个职员时，我就注意到当所有的人都下班时杜兰特先生仍留在办公室里，直到很晚。我认为应当有人留下来，给杜兰特先生提供一些工作上必要的协助，所以我也留下来了……他随时都能发现我……后来召唤我就成了一种习惯。这就是整个事情的过程。"

一位哲人说："一个不肯助人的人，他必然会在有生之年遭遇到大困难，并且大大伤害到其他人。"这个世界是一个整体，每个人都与其他人有着这样或者是那样的联系；你的一言一行，你的一举一动，无不对现实中的人产生或大或小的影响。你必须认识到"我为人人，人人为我"，人与人"相互支撑"是社会生活的法则，从而学会助人，乐于助人。

关怀陌生人，奉献我们的爱

著名的维也纳心理学家阿尔弗雷德·阿德勒在其《对你而言生命意味着什么》一书中写道："那些对他人漠不关心的人总会在生命中遇到最大的困难，同时带给他人最大的伤害，也就是这种人导致了人类所有的失败。"有的时候我们犹豫、迟疑和忽略，是因为我们正在思考是否值得关怀他人，在我们关怀他人的时候，对自己是否有益，是否有回报等，一系列类似的问题。

向自己的亲人、朋友奉献我们的爱心，这是我们家庭和睦、生活幸福的必备条件，毫无疑问我们都能做得到。但是在现实生活中，我们常常忽视的是向陌生人表示我们的关怀。

戴尔·卡耐基曾说过："如果你不曾关怀他人，他人也不可能关心你！”作为社会中的个体成员，我们仅仅只是以个人的能力去立足社会，取得成功是不可能的事情。在我们的人生旅程中，我们将遇到许许多多的困难和挫折，这时我们就需要朋友亲人的帮助与支持，并且需要更多的陌生人给予我们关爱。对于他人，亦是如此。

许多商界人士就深深地懂得关怀他人的社会行为的巨大影响力。他们总是善于利用这种力量，给那些陌生的潜在顾客以关怀，从而赢得巨大的商机。

布拉姆顿是美国乔治敦一家服装店的女店员，她是学心理学专业的。

一次，布拉姆顿接待了一位年轻的顾客。那位女士说：“我想买一件最有刺激性的礼服，我要穿上它去肯尼迪中心，要让每个见了我的人连眼珠子都要掉出来。”

布拉姆顿说：“我们这里有满足你要求的礼服，但是这些礼服都是专门为缺乏自信心的人准备的。”

“缺乏自信心的人？”

“是的，有些人穿上这些礼服就是为了掩饰自己的不足。”

“我可不是缺乏自信心的人！”那位顾客生气地说道。

“那你为什么要穿上它去肯尼迪中心，让每个人都羡慕得连眼珠子都要掉出来呢？难道你只是靠自己的衣服去吸引人？而不是靠自身的美去吸引人？你很有气质，也很有内在的魅力，可你却要掩盖起来。难道你就没有想过当人们停住脚步看你时到底是因为衣服还是你呢？”

听到这里那位女顾客恍然大悟说：“是啊，我干吗要花一大笔钱买人家几句恭维话呢？这些年我一直缺乏自信心，可我竟然还没意识到这点，真是非常地感谢你！”

这件事情从表面上来看觉得布拉姆顿小姐有点傻，送上门的赚钱机会却不要，愣是将人推出门。但是尽管这样还是顾客盈门，来的大都是当年被“拒之门外”的客人，这些“回头客”和慕名前来的顾客络绎不绝。

这正如卡耐基所说：“想要说服别人，首先就需要设身处地地为他人着想。只有这样才能够赢得他人的心。”布拉姆顿小姐打消了顾客错误的念头，不仅是对商品的态度，还体现出对生活的态度。在一件非常小的事情上引导人们对生活、对人生的正确理解，从而赢得顾客的心。

著名的《时代周刊》曾经这样写道："或许，除了自由女神，戴尔·卡耐基就是美国精神的象征。"在美国人的心目中他地位显赫，不仅仅是因为他那独具特色的成功理论，更重要的在于他对人生精神的理解。他在一生中始终鼓励善意的交流，反对直接对抗；提倡热忱与真诚，抨击冷漠和自私。在他的人生哲学里，处处闪耀着微笑、理解、同情、赞美、关心……一连串的美德，并散发出泽被千古人生的智慧。对于关心，他说："爱你的仇人，善待恨你的人、诅咒你的人，要为他祝福；凌辱你的人，要为他祷告。"

一天夜晚，卡耐基经过黄石公园，听到一位森林的管理人员骑在马上兴高采烈地和游客说起关于熊的事情。他告诉他们："一种大灰熊大概能够击倒西方所有的动物，除了水牛和另一种黑熊。但有天晚上，他却注意到一只小动物，那只大灰熊不但让它从森林里出来，并且还和它在灯光下共食。那是一只臭鼬！大灰熊知道，它可以一掌把这只臭鼬打昏，可是它为什么不那样做呢？因为它根据经验知道，那样做很划不来。"

卡耐基也知道这一点。当他还是个孩子的时候，曾经在密苏里的农庄上抓过四只脚的臭鼬；长大成人以后，他在纽约的街上也曾碰到过几个像臭鼬一样的两只脚的人。他从这些经验里发现：无论招惹哪一种臭鼬，都是划不来的。

所以，以怨报怨不是好的解决办法。如果我们以德报怨，宽容一点，那事情的发展就是截然不同的。人非草木，孰能无过。如果一个人在别人的爱心面前仍旧不忘仇恨，那他就不能算是一个人了。真正的人有着宽厚的胸怀，他们能够爱所有的人，甚至包括仇人。他们因此而拥有一个良好的、开放的人际关系网络，总是能轻易地取得成功。所谓"失道者寡助，得道者多助"，正是这个道理。

学学“利他主义”，你一定有回报

帮助他人是社会普遍存在的一种心理现象。有时候，心理学家会将这种现象称之为“利他主义”。所谓的“利他主义”也就是自私自利的反义词，要求通过自己的行为来为社会公众谋取福利。

在耶路撒冷，有一条“正义之路”。这条“正义之路”位于一个山坡上，由好几百棵树围成，每棵树下都有饰板，上面刻着一些欧洲人的名字（还有不计其数的名字没有刻在上面），这些人曾经在纳粹大屠杀时期给犹太人提供过庇护。这些富有正义感的欧洲人十分清楚，如果被纳粹发现自己藏匿犹太人，他们就会被纳粹处死，可是仍有很多欧洲人对犹太人提供了帮助。对于每一个能够幸存下来的犹太人来说，他们之所以能够在纳粹大屠杀中幸存下来，都得经过十几个英勇的欧洲人的帮助。

其实，不论是通过历史，还是通过现实生活，我们都可以发现不计其数的见义勇为的行为。社会心理学家通过研究，认为人与人之间的交往经常受到人们头脑中经济理性的影响。人们相互之间不仅交换物质性的商品和金钱，还交换社会性的商品，比如爱、友情、服务、信息等。在这种经济理性的指引下，人们的行为遵循着经济行为最本质的策略，即通过最少的花费，获得最大的收益。

这也就是说，我们之所以要帮助他人，是因为我们觉得自己能够获得一定的报偿，而这种报偿可以来自外部，也可以来自一个人的内部。企业家捐款不仅能够提高自己的声誉，还能够提高企业的知名度；一个给他人提供帮助的人，也将会得到他人的友谊和赞赏。这些报偿是来自外部的。而有些人可能因为内在的良心等原因，也会伸手相助。但是，这并不是说这样的行为是没有回报的。

有一次，亚伯拉罕·林肯在马车上和另一名乘客讨论一些哲学问题。林肯认为，每个人都是自私的，而自私并不是一种恶劣的品性，因为它可以引发所有的善行。

就在此时，从车外传来了一阵母猪尖利的哀嚎声。原来，这头母猪的孩子掉进了水塘里，马上就要淹死了。林肯马上让车子停了下来。他跳下马车，冲进水塘里，把小猪救了上来。

当林肯回到马车上时，刚才和他讨论自私问题的同伴向他揶揄道："嘿，亚伯，刚才你救那头小猪，不是出自自私吧？"

"当然是自私"，林肯肯定地回答道，"这正是自私的本质呀。如果我刚才任由小猪淹死，看着撕心裂肺嚎叫的母猪不管，那么我的心灵一整天都不会得到安宁。我刚才之所以去救那只小猪，正是为了让我可以过得心安理得呀。"

由此可见，利他的行为正是为了使自己得到一定的收获，而这恰恰出自人们各怀所需的私心。从这个角度出发，在实际的生活当中，我们必须对他人的行为做出积极的回应。要知道，"天下没有免费的午餐"。当我们接受他人的帮助时，我们最好给予一定的回报。如果我们对此反应冷淡，势必将减损别人向我们释放出的好意。在任何社会环境中，我们都必须认识到利他背后的心理企图。

如果我们懂得产生"利他"行为的心理原因，我们就可以反其道而用之。"将欲取之，必先与之。"在经济行为中想要获得利益，必须给予对方足够诚意的回报，以便使对方相信自己对相互之间经济交往的态度是真诚的，对方可以从他的付出之中获得丰厚的回报。

古罗马四大诗人之一奥维德说过这样一句话："人们不会看重善行的，除非善行能给自己带来好处。"因此，如果我们想要对方做出善意的行动，就要首先让对方知道，他们的付出是有回报的。

第八辑

有种快乐叫放下，让自己的烦恼到此为止

有的人往往会因为过去的事情而闷闷不乐。其实，过去的事情就让它过去吧，何必徒增烦恼呢？想要快乐就需要让自己“忘记”。其实有的时候换一个角度去想想，就会觉得也没有什么大不了的，有种快乐叫放下，就是让我们将自己的烦恼都抛之脑后。

学会忘记，不要沉浸在“过去”中

有些回忆时常浮现于脑海，无法遗忘，却注定不能重来；有时一不小心把记忆碎片遗落在了某个角落，却又努力地找寻。人们总喜欢在这无休止的矛盾中挣扎。很多人总是对自己拥有的东西视而不见，把自己没有的或者已经失去的视为珍宝，自己的眼中只有羡慕和后悔。打开心灵的眼睛吧，它会告诉你，过去只能回忆，不要奢望重头来过，未来的美好，只有把握住今天才能拥有。

不要怀恋过去，更不要惧怕未来，要抓住今天，抓住眼前的每分每秒，珍惜身边的万事万物。这样你就会活得踏实自在，不会再有恐惧和懊悔。对于一个需要克服生存危机的人来说，最重要的是：让生命回到现在。

徐华和杨凯夫妇都是名牌大学的高材生，他们事业顺利，家庭和睦，并育有一对双胞胎女儿。他们过着无数人向往的生活，但天有不测风云。一天，小女儿蓉蓉忽然肚子痛，夫妇就开着车送女儿去医院。在途中等红绿灯时，一辆飞快的跑车从后面撞了过来，几个家庭悲剧从此开始了。在事故中，死神将丈夫和女儿从徐华的身边夺走了，而自己也身受重伤，她只能在轮椅上度过一生。其实，身体的伤害不是最主要的，最重要的是她无法走出事故的阴影。

一天，她正坐在医院的病床上，回忆起过去的点点滴滴，想起以后的生活，不禁落下了伤心地泪水。这时，一个声音打断了她的思绪：“妈妈，爸爸和妹妹什么时候回来？”大女儿巧巧失落地望着妈妈。徐华心里一震，在她的眼前还有一个女儿，这么多天，她几乎忘了这个女儿。她搂住女儿，轻声说："以后妈妈陪你。"

从那以后，她坚强地与病魔斗争，最终创造了奇迹，三年后，她站起来了。她后来说："我不愿意再想过去，因为那让我伤心。也不去想未来，未来对于我来说太渺茫。我只想为我活着的女儿，过好每一天。"

是啊，珍惜眼前人，过好每一天，生活就是这样，实实在在。

"今天"是最容易得到的，因为它就在身边，触手可及；"今天"又是最容易失去的，因为它走得悄无声息。它就像空气和阳光，人们似乎感觉不到它的存在，没有人给与它特别的关注。人们总是追忆过去和憧憬未来，而往往漠视"今天"的存在。

有些人喜欢炫耀昨天的辉煌，过去的已经过去，它并不能证明今天的价值。

有人说，明天会更好。这是一个愿望，如果今天不付出行动，明天将永远只能是明天。"明日复明日，我生待明日，万事成蹉跎。"只有把握今天，才有美好的明天。

你想更好地发挥自己的潜能吗？秘诀就是：抓住现在，不要沉湎于过去。安东尼·罗宾对年轻朋友发表演讲时，总要对这些明天的领袖说："所谓'美好的古老时光'就是今天，因为这才是我们生活的日子，也是我们在历史上唯一生存的一段时间。这是属于我们的时代。我不曾向你们描绘美好的一面，也不曾向你们诉说悲惨的一面。我不会向你们灌输过多的克服生存危机的乐观思想，只是要告诉你们，生活中的变化和挫败是无法避免的。"

死亡让我们的生命变得脆弱，不管是不是我们有意选择，我们随时都有夭折的可能，没有任何预兆。这并不是危言耸听，每年有成千上万的人在车祸中丧身；你的亲朋好友可能突然因癌症卧床不起，并被宣告只有三个月的生命。

生命的脆弱让我们始料未及，生命赋予了我们生存本能，那就是珍视生活，活在现在。

特伦斯·德普雷在《幸存者：死亡营中的生活剖析》一书中，记叙了人类经受的某些让人毛骨悚然的遭遇——第二次世界大战中纳粹集中营的犹太人所遭受的灭绝人性的待遇（当然，我们日常所遇到的问题是不会同时让我们遭受生理折磨和心理蹂躏，使我们放弃一切希望）。进入集中营后，几乎所有人都在劫难逃，根本无法想象这样的环境下还是有人活了下来。

从这些坚强的人身上，我们都能看到即时生活的某些东西。《幸存者：死亡营中的生活剖析》一书总结了那些人活下来的原因：那些人只活在最根本的生活中，除了活着他们没有其他要求，在他们看来时间似乎停滞了，地点也失去了意义。他们只有一个信念，活过现有的每分每秒，就这样，他们在暗无天日的地狱中生存了下来。

日子像流水一样一天天地过去，值不值得怀念其实并不重要。日子一天一天从我们指尖悄悄滑落，在我们的眼角画上了一道道岁月的痕迹。我们平凡甚至平庸，我们郁闷甚至困苦，是因为我们没有把握住“现在”。

一天，上帝路过古罗马城，在废墟中无意间发现了一尊“双面神”神像。于是问：“请问尊神，你为什么一个头，两副面孔呢？”

双面神回答：“只有这样，我才能一面回味过去，以吸取教训；一面瞻望未来，以给人希望。”

“可是，你为什么不低头看看现在呢？”上帝问。

“现在？这重要吗？”双面神茫然。

上帝说：“过去已经逝去，未来还在延伸，你不把握现在，吸取过去的教训，对未来的瞻望，又有什么意义呢？”

双面神听了，懊悔不已。就是因为他无视现在，罗马城才被毁灭，自己也被人们丢弃在废墟中。“现在”是最重要的，“现在”是存在的本质。不要活在昨天的阴影中，也不要活在对未来的幻想中。只要活在今天，不管是阳光明媚还是闪电交加；不管是雪花纷飞还是暴风骤雨。该来的就让它来吧！是快乐就尽情地享受；是历练就奋力地拼搏；即使是牺牲也不要畏惧。从现在做起，你将拥有成功的人生。

争什么，退一步就会进入心灵的乐园

有人认为，快乐就要往前冲。告诉你，不一定。有时候，你的乐园是在后面，向前你不会得到，退一步反而能找到自己的快乐。不是吗？当你身处悬崖边，后面哪怕是一沟壑，也是你的乐园；当你身处刀山火海，后面哪怕是满地荆棘，也是你的乐园。所以说，快乐不见得非要往前冲，有时候，退一步就是你的乐园。

早晨，一个穿着整齐的小伙子，去隔壁村里迎娶他的新娘。当他过通往丈人家的独木桥，眼看就要到桥头的时候，迎面走来一位推独轮车的农夫，车上满是家禽。

小伙子不愿回头了，他向农夫道："大伯，你看，我就要到桥头了，能不能让我先过去。"

农夫把眼一瞪，说："凭什么让你先过？我要忙着去赶集呢，要是去晚了，我带的几只母鸡就卖不上好价钱了。"

小伙子说："我让的话，迎娶新娘就会晚了。"

于是，两人谁也不让谁。虽然两个人都很着急，但因为谁也不肯相让，只好僵持在桥上。

过了许久，远处河面上漂来一只小船，船上坐着一个和尚。两人于是就请和尚为他们评理。

和尚看了看农夫，问道："你真的很急吗？"

农夫答道："我真的很急，再晚了便赶不上集市了，我的母鸡就卖不出去了。"

和尚说："你要是真的急着赶集，为什么不尽快给小伙子让路呢？你只要退那么几步，他便过去了，他一过去，你不就可以早早地去赶集了吗？"

农夫听了和尚的话后，红着脸没有说话。

和尚又笑着问小伙子："你今天洞房花烛，这可是人生大事，为什么不先退一步呢？"

于是，在和尚的调解下，小伙子和农夫都过了桥。

下午的时候，小伙子和农夫再次在桥上相遇。小伙子是一个人回来的，满脸的沮丧；而农夫的车上，依然是满车的家禽，也是一脸的痛苦。

原来，小伙子因为错过了迎亲的时辰，老丈人不愿意将女儿嫁给他了；而那个农夫，也因为赶集迟到了，一只家禽也没有卖出去，家禽在烈日的炙烤下还死去了不少。

最后，小伙子因为没有迎娶到新娘，农夫因为死了很多家禽，气的从都从桥上跳了下去，双双自尽了。

你看，多么可惜呀！两个人要是有一个人能退一步的话，晚上，小伙子就会洞房花烛，农夫也会怀揣着银子回家。

生活中很多人都喜欢争强好胜，但是，不论是说话还是做事，如果不给别人留一点余地和空间，那么很容易就把自己逼近死角。尝试在生活中换一种角度考虑问题，退一步，有时候是一种以退为进的策略，如果能够适时地把以退为进的策略用于生活中，那么生活将会变得张弛有度、游刃有余，你便会得到"柳暗花明又一村"的释然。

一天，圣严法师正要开门出去时，迎面闯进一位魁梧的男子，结结实实地撞到法师身上，把法师的眼镜都撞碎了，镜框还夹青了法师的眼皮，可那位撞人的男子丝毫没有歉意，还恶狠狠说："活该你戴着眼镜！"

法师笑了笑没有说话。

男子颇觉惊讶地问："和尚，你怎么不生气呢？"

法师说："生气有用吗？生气能让眼镜复原吗，生气能让脸上的淤青消肿吗。再说，生气只会让事情变得更糟糕，造成更多的恶缘。要是我早退一步，我们就会避免相撞了。"

男子听后十分感动，并坐下来讨论了很多问题，然后若有所悟地离开了。

一年之后的一天，法师接到一信封，信内装有5000港元，正是那位男子寄来的。

原来男子大学毕业之后，在事业上不顺利，婚后也不知善待妻子，生活在痛苦之中。一天，他发现妻子与一名男子在家中谈笑，他非常气愤，就在厨房里找了一把菜刀，打算先杀了他们，然后自尽。

他正要冲进客厅，却看见那男子惊慌地回过头，脸上的眼镜掉了下来，瞬间，他想起了法师的教诲。于是他退出了客厅，让自己冷静了下来，反思自己的过错。

后来，他的生活很幸福，事业也顺利了，特地给法师寄来5000港元，感谢从法师那里得到了幸福快乐的秘笈。

很多时候，退一小步，就能让你的人生快乐很多。很多时候，退一步就是忍一忍，退一步就是吃点亏，退一步就是让一让。忍一忍，会让你少去很多困难；吃点亏，会让你少去很多麻烦；让一让，会让你免去灾难。想一想，没有困难、麻烦和灾难的人生不就是快乐的吗？所以，人生快乐的秘笈就三个字：退一步！

搬开“绊脚石”，让往事随风而去

有一种保持快乐的好方法，那就是“忘记”。忘记烦恼、忘记失意、忘记痛苦、忘记伤悲、忘记亲人的远离、忘记他人对你的伤害、忘记朋友对你的背叛，总之，该忘记的往事你都要忘记。忘记了人生旅途中的这些恩恩怨怨和是是非非后，你就如同搬掉了“绊脚石”，快乐也如约而至。

济慈寺中有一个修行颇好的和尚悟缘，当初在他入寺的时候，他最爱的父亲去世了，这对内心孝顺的他来说无疑是一个沉重的打击，可是就在他父亲出殡的那天，悟缘竟然一改沉痛，甚至面带笑容地送走了父亲的遗体，然后神闲气定地走回自己破败的小屋。邻居都以为他是悲极而疯，可是从他的表现来看，好像又并非如此。

邻居大惑不解，于是便问悟缘：“你失去了最后一个亲人，为什么你还这么高兴，难道你不知道这是对你父亲的一种不孝之举吗？”

悟缘不以为然地说：“非也，非也，我的父亲已经去世了，无论我怎么痛苦，也无法让他老人家活转过来，与其于事无补，倒不如忘记它，我快乐地生活着，也是九泉之下的父亲最希望看到的一件事。”

邻居恍然大悟。

可见，快乐是一种忘记。亲人的离去固然让人悲痛，但与其伤心不已，不如快乐地面对，从悲伤中走出来，这也许是九泉之下的亲人最希望看到的事了。忘记了过去，才能将更多的时间交给现在，精力充沛地面对现在的生活，信心百倍地迎接未来，从而快乐地生活。

悟缘的做法值得人类借鉴。正因为忘不掉往事，比如说忘不掉亲人的生离死别，忘不掉爱情的恩怨情仇，忘不掉过去的是是非非，所以人活得很累，往事就像一座大山一样压得人喘不过来气，生活毫无快乐可言。

张阳最近老是失眠，经常借酒浇愁半夜发疯：因为前段时间他处了一个女朋友，他十分痴情，可是随着交往的深入，他心里越来越难受，原来他了解到女朋友在认识他之前，曾与另一个男孩子相处了六年。他本来考虑与她结婚，但越想越觉得生气，越想越感到委屈。他痛苦地对朋友倾诉说："她曾和别人有过六年啊……"

张阳把自己的思维逼进了一个死胡同，可他明知道是个死胡同，可还是要往里面钻，就像可怜的飞蛾，拼了命要往灯光那儿飞。他忘不了女朋友的过往，但是又不愿意放弃，每天被这样的念头纠缠着，简直是痛不欲生。

是的，张阳正是因为搬不开女朋友的过往这块"绊脚石"，结果把自己逼进了死胡同。他用狭隘的思想把美丽的相遇变成了地狱。本来，他找到了一个自己非常喜欢的女朋友，应该很快乐才对，但他偏不这样想，而是在她的过去上穷追不舍，这无异于自寻烦恼。相信如果他搬不开这块"绊脚石"，那么他将永远与快乐无缘，甚至与幸福绝缘。

要想做一个快乐的人，就要拿得起，放得下，就要让痛苦的往事随风而去，"船过水无痕，鸟飞不留影"，所有往事都不会成为影响现在快乐的理由。做到了这些，那才是真正的洒脱，真正的快乐！

话说有一只白猫和一只黑猫，它们生活在主人家里，衣食无忧，受尽恩宠，好不快活。可是有一天，它们被主人送给了一个好朋友，这个朋友比较粗心，他常常忘了给猫儿们喂食，甚至连一个安家的窝也没有为它们准备，它们经常忍饥挨饿。

于是白猫整日以泪洗面，懒懒地趴在角落里，想自己的心事，它觉得环境太陌生，想想过去的种种美好，再想想现在的种种冷遇，它觉得自己是世界上最不幸的猫。

可是小黑猫却不是这样，它每天都很快乐，它一刻也不闲着，东逛西游自己找乐不说，还常常转着圈儿追赶自己的尾巴，玩得高兴极了。

白猫很不理解地问它：“你为什么这么快乐呢，难道你忘了过去的生活吗？”

小黑猫说：“过去就过去了呗，现在想还有用吗？快乐是要靠自己找的，你看，捉尾巴就很快乐呀！”

白猫听后也试着转圈儿捉自己的尾巴，它果然觉得很快乐。

同样的生活环境，两只小猫的感受却不一样。黑猫之所以快乐，是因为它忘记了过去的锦衣玉食，注重活在当下，而白猫却固步不前，老想着过往的那些事，结果把自己弄得郁闷不说，还对生活渐渐失去了兴趣。可见，能否“走出过去”，是能否获得快乐的重要前提。

其实人生就是这样，生离死别、爱恨情仇、物是人非……许许多多痛苦的事情我们谁也无法回避，既然如此，那么怎样才能搬掉这些痛苦的“绊脚石”，让自己快乐起来呢？秘诀就是两个字：忘记！忘记曾经发生过的一切，让往事随风而去，这样才能真正享受人生的快乐！

忘记痛苦，让快乐伴你左右

心理学家说过，人不但要学会记忆，而且要学会遗忘。可是在现实生活中，我们常会看到这样的现象：有些人记忆力特别好，曾经的鸡毛蒜皮小事他全部都如数家珍，不肯遗忘，结果不但一事无成，而且病体沉沉；而有一些人则心胸豁达，不该记住的绝对不会记在心里，大度处事，大度为人，所以诸事通达，身心健康。

由此可见，忘记不仅是一种智慧，而且是一种怡情悦性的方法。人有记忆的本领，这是上苍对人类的馈赠，可同时它又是一把双刃剑：对心胸宽阔的人来说是最好的礼物，对心胸狭窄的人来说则是对自己的折磨。因为豁达的人记住的是别人的美好和善举；而狭隘的人，只会拿曾经的痛苦往事折磨自己。

所以，忘记并不代表冷漠，只是有些不该记住的痛苦，如果常留心间，只会徒然伤了自己。过去的是非恩怨，过去的伤害误解，不过是一片流云隐隐，轻轻拂去它，剩下的全部是快乐。

谭恩美是美籍华裔女作家，她的作品生动感人，温婉的语言每每触及读者的灵魂。可是，没有人相信，在谭恩美16岁的时候，她曾用充满仇恨的话语喊道："我恨你！我恨不得自己死掉……"而站在她面前的是她的母亲。

在谭恩美的记忆中，少年时与母亲的争吵似乎一直在持续着，每次争吵之后，母亲都会露出一个近乎疯狂的扭曲微笑，然后在喘息中大声嚷道："好啊！我也许是该死掉，这样我就不用当你妈妈了！"然后在接下来的日子里，以冷战相对，冷战结束后，依然是争吵。

最让少年谭恩美受不了的，是母亲经常在别人面前批评、羞辱她，禁止她做某些事情，哪怕谭恩美有充足的理由。母亲不要理由，只会批评，这让谭恩美暗自发誓：永远不忘记这些委屈！要让自己的心硬起来，像母亲那样！

30年后，谭恩美意外地接到了母亲的一通电话，这让她惊讶万分，因为母亲患上老年痴呆症已经3年多了，她忘记了许多人、许多事，甚至无法讲出连贯的话语。

但话筒那边确实是母亲焦急的声音："恩美！我的脑子出问题了！"谭恩美屏住了呼吸。

"我觉得很多事我都记不得了，昨天我做了什么？对你做了什么？我不记得很久以前到底发生过什么事……"母亲说话的时候好像一个溺水的人，挣扎着，却发现自己越陷越深。

“你不要担心！”谭恩美终于能说出话了。

“不！我知道我做过一些伤害你的事情！”母亲狂乱地叫起来。

谭恩美马上回答：“你没有，真的，别担心。”

“我真的想不起来了！但我知道，我做过一些可怕的事情……我只想告诉你……我希望你能像我一样把它忘掉。”

“真的没有，别担心。”谭恩美只能重复这几个字，因为她哽咽着，她不想让母亲听出来。

“真的吗？”母亲平静了一些，“好吧，我只是想让你知道。”

挂上电话，谭恩美大声哭了出来，既伤心，又幸福。

6个月后，母亲故去了。她及时把最能抚慰人的话留给了女儿，好似拨开云雾后那开阔、湛蓝的天空。“遗忘掉仇恨和痛苦，铭记住亲情与关怀，这才是人生最重要的。”谭恩美在母亲的葬礼上如是说。

可见，忘记是对痛苦的一种解脱，是对伤害的一种抚慰，是对自我的一种释放。“往事如烟俱忘却，心底无私天地宽”，在人生的旅途中，要学会将那些伤心事、烦心事、累心事抛之脑后，让心中曾经不快乐的印记消失殆尽。

有人说人心如杯，不倒去旧水，就无法盛装新水。生活也是如此，如果不愿意舍弃过去，忘记曾经的痛苦，就无法让心灵成为一个空杯，无法承载新的生活。很多时候，生活不再精彩，不是因为生活反复无常，而是因为人们的背负太重。所以忘记痛苦，倒空旧水，你会发现空杯原来可以容纳更多美好的甘醇。

忘记痛苦，需要加强心灵承受能力的锻炼，做一个内心足够强大的人。以宽心示人，心系眼前事，挂念眼前人，宁静致远；经常进行自我心理调节，想宽一点，想远一点，想开一点，从无足轻重的个人恩怨中解脱出来。对已经和现在没有任何关系的往事，糊涂一点，淡化一点，宽容一点，不要让它们在记忆中占有任何位置。

所以，沉湎于痛苦的朋友们，要知道天下没有不可谅解的过错，没有不可忘却的烦恼。当所有的痛苦在心灵的微笑中悄然而去的时候，被怨恨捆绑的心便会在这一刻获得最灿烂的绽放。

放得下，快乐才来得了

在这个世界上，痛苦的人多，快乐的人少：有了房子要车子，有了车子要票子，有了票子要折子，有了折子还不够，还要寻找刺激。似乎人的本性就是这样：永远忙碌，永不满足，近在咫尺的东西大家往往视而不见，非要辛苦地去追逐那些遥不可及的东西，可是一回头，发现身边拥有的又不见了，于是追悔莫及，伤心不已。

在这个世界上，为什么有的人活得轻松，有的人活得沉重？前者是因为放得下，后者是因为放不下。每个人都会经历一些事情：悲伤的快乐的，痛苦的或沉重的，智者会将往事提炼成一种经验、一种智慧，而狭隘的人却把这些压在心头，成为一种负担，一种累赘，一味去追究、较真，他们对过去的事情不能放下，既伤害了自己，也伤害了别人。

小美和小张是幸福的一对儿，结婚两年他们从没争吵过一次。在他们的共同努力下，买了一套新房。

在收拾东西搬家那天，小美无意中发现了丈夫小张以前的日记本。好奇心驱使小美翻开了小张那本大学时的日记本。从中小美得知了小张与前女友的种种事情。小美很气愤，拿此事质问小张，还不断地逼小张给自己讲述他与前女友的详细情况。可时隔多年，小张哪里还能详细地回忆起以前的种种。为了此事，夫妻二人开始了一次次的红脸争执。从此，他们的幸福生活被打破了。

小美走到哪里，都会想自己的丈夫以前和他的女朋友来没来过这里。

小美的生活中多了个自己想象出来的“第三者”，她再也无法和小张平静地生活下去，最后，小美竟然提出要和小张离婚。

可见，不懂得放下，快乐没有了，婚姻也亮起了红灯。

小美的悲剧是她不懂得放下“惹的祸”。过去的事情已经过去，我们大可不必再抓着不放，对待过去最好的态度是放下，我们不要总是活在过去里重复着痛苦，或在回忆中浪费时间。过去是无法把握的，但现在却是主动的，把握好现在，我们才可以活得轻松，才会感受到快乐的存在。正像有首歌里唱得那样“过去的事不再想，因你现在不算老，还有什么放不下，请你还把歌儿唱……”

杰克·登普西是美国前拳击运动员，他曾是1919—1926年的世界重量级冠军。在与吉内·腾尼的一次比赛中，登普西被腾尼击败。他并不甘心，不久后，登普西再次与滕尼对垒。比赛中登普西将腾尼击倒，但没有及时地回到拳台边角。裁判让登普西回到边角后才开始给滕尼数点，这使滕尼多休息了4秒钟。比赛的最终结果是腾尼得分获胜。

这次比赛使登普西把“世界拳王”的称号输给了滕尼。面对这样惨痛的结果，登普西对自己说：“我不打算生活在过去里，我要能承受这一次的打击，不能让它把我击垮。”

登普西很快从比赛的失败中走出来，退役后，他投身商业。他在纽约百老汇附近开设的一家以他名字命名的餐馆生意兴隆，顾客盈门，许多人慕名前来，一睹他的风采。登普西在幸福中度过了自己的晚年。

可见，只有放下，才能使现在的生活井井有条，才有可能创造生活的另一个奇迹。登普西正是由于放下了过去的荣辱，才没有被惨痛的失败所打倒，才能重整旗鼓创造了在商业领域的又一个辉煌，当然也收获了人生真正的快乐。

是的，如果我们永远沉湎于悲伤之事无法放下，那我们将永远悲伤；如果我们所想的都是快乐的东西，那我们自然而然就可以获得快乐；如果我们心头笼罩的全都是失败的阴暗，那我们将无法走出痛苦的泥潭。这正如一位名人所说："你并不是你想象中的那种样子，而你却会是你所想的那种人。"

这是一个真实的故事，一个刚从精神病院走出来的患者回忆了他三十年来的人生历程。

他说："我对什么事情都忧虑。我之所以忧虑，是因为我担心的事情太多了。上学时，我发现我正在掉头发，我怀疑我得了某种疾病，因为我认为我家庭的生活条件不够好；离开学校走上社会时，我担心我给别人的印象不好，找不到好工作，我担心失去我想要娶的那个女孩子，担心永远都赚不到足够的钱来娶老婆；结婚后，我担心我无法和妻子相处，我担心妻子会不会在哪一天突然离去，我担心我会不会有孩子，能不能做一个好父亲。我每天都难以忍受这些痛苦，觉得我被所有的人抛弃了——甚至连最仁慈的上帝也抛弃了我。我真想跳进河里，一死了之。

"我精神崩溃的情况甚至严重到不能和我的家人沟通。我无法控制自己的思想，心里充满了恐惧，只要稍有一点点声响，我就会吓得跳起来。我躲开每个人，常常无缘无故地哭起来。

"后来，我的身体不适，我担心我是不是得了绝症，于是我无法再工作，就只好辞去工作。我内心越来越紧张，就像一个没有安全阀的锅炉，内心的压力终于达到了令人难以忍受的地步——结果真的出事了。

"所以，我想对人们说，如果你从来没有经历过精神崩溃的话，祈祷上帝，让你永远也不要有这种体验吧，因为没有任何一种肉体上的痛苦能够比精神上的那种极度痛苦更厉害的了。"

可见，正是由于想得太多，不懂得放下，这个人才会精神崩溃，走进痛苦的深渊。

一个人快乐与否并不取决于他有多少金钱，或者他有多么崇高的地位，只取决于他的心境如何，懂不懂得放下。所以，要想快乐常驻你身边，那就放下一切吧，放下重担、放下包袱、放下工作、放下情感、放下官职、放下财富。放下得越多，收获的也就越多，收获越多，人生的快乐也就越多。

累是因为执着，不要总盯着成功不放

对成功的定义，应该说是仁者见仁，智者见智。有的人认为腰缠万贯才是成功，可是财富却往往与幸福无关。纽约康奈尔大学的经济学教授罗伯特·弗兰克说："虽然财富可以带给人幸福感，但并不代表财富越多人越快乐。一旦人的基本生存需要得到基本满足后，每一元钱的增加对快乐本身都不再具有任何特别的意义，换句话说，到了这个阶段，金钱就无法换算成幸福和快乐了。"

在台北，圣严法师在给一些商界的成功人士开悟时说："成功是我们一生追求的目标，可是在人生的路上，衡量成功还是失败绝非只有结果这个唯一的标准，而且我们还应该考虑一下，我们盯着这个'成功'付出了怎样的代价，是得大于失，还是失大于得。"法师希望这些人在成功的道路上不要盯着成功不放，而是要明白什么是成功。

如果一个人在拼命追求金钱的过程中，忽略了亲情，失去了友谊，也放弃了对生命其他美好方面的享受，到最后即便成了亿万富翁，不也难以摆脱孤独和迷惘的纠缠吗？所以并非是金钱决定了我们的愿望和需求，而是我们的愿望和需求决定了金钱和地位对我们的意义。我们比陶渊明富足一千倍又怎么样，我们能得到他那份"采菊东篱下，悠然见南山"的怡然吗？

在美国新泽西州，有一位叫莫莉的著名兽医劝告人们向动物学习。她拿鸟做例子说："鸟懂得享受生命。即使最忙碌的鸟儿也会经常停在树枝上唱歌。当然，这可能是雄鸟在求偶或雌鸟在应和。不过，我相信它们大部分时间是为了生命的存在和活着的喜悦而欢唱。"

可是作为万物之灵长的人类，在对待生命的态度上却未必能有这种豁达，有的人穷其一生，都无法达到这样的境界。有的人认为，得到了金钱就得到了幸福，这是多么可笑的想法！可见，他们并不知道金钱和幸福是没有必然联系的。有了金钱，并不一定就会带来幸福，反而因为金钱而引发不幸的事例倒是比比皆是。

还有的人认为只有拥有了盛名，才意味着成功。殊不知，功名利禄不过是过眼烟云，生命的辉煌恰恰隐藏在平凡生活的点滴之中。也有的人认为权倾一时就是成功，更有的人认为出类拔萃才是成功，平庸就意味着失败，可是生活的真实却往往是有些人看起来不怎么样，活得却确实挺来劲儿。哥伦比亚大学的政治学教授亚力克斯·迈克罗斯发现，那些脚踏实地、实事求是的人往往比那些好高骛远的人快乐得多。

其实谁也不至于活得一无是处，谁也不能活得了无遗憾。一个人不必太在乎自己的平凡，平凡可以使生命更加真实；一个人不必太在乎未来会如何，只要努力，未来一定不会让自己失望；一个人不必太在乎别人如何看自己，只要堂堂正正，别人一定会尊重自己；一个人不必太在乎得失，人生本来就是在得失间徘徊的。

一个人要想生活得快乐，就要学会根据自己的实际情况来调整奋斗目标，适当压制心底的欲望。不要因为自己才质平庸而闷闷不乐，生活中，智慧与快乐并无联系，反倒是"聪明反被聪明误""傻人有傻福"的例子俯拾皆是。

很多人年轻的时候无忧无虑地生活，虽然没有钱，没有名，没有地位，但是他们真的很快乐，什么都不用想，只做自己喜欢做的事情。可是当他们开始追求人人向往的传说能带给他们幸福快乐的各种东西之后，却渐渐地发现自己不得不放弃那些他们喜欢做的事情了，而他们得到的却并没有给他们带来多少快乐，带来的反而是负担，压得他们无法追求别的东西，压得他们无法轻松地面对自己真正的梦想。这时他们往往会痛苦不堪地一遍一遍地问自己："为什么得到的都是我不想要的，而我想要的却总是得不到？"

其实，从某种意义上讲，人生中，一个男人最大的成就是有一个好妻子，一个女人最大的成功是有一个好孩子，一个孩子最大的成功是能心理和生理都健康地成长。这才是最踏实最快乐的成功诠释。人生是公平的，你要活得随意些，或许就只能活得平凡些；你要活得辉煌些，或许就只能活得痛苦些；你要活得长久些，或许就只能活得简单些。

当你为错误付出代价，请学会原谅自己

我们之所以对以前的某个错误耿耿于怀，迟迟不肯原谅自己，多半是因为我们为之付出了一定的代价。可是，不能原谅又能如何？代价不能再收回，但是我们的心情可以回转，也必须回转，因为生活还要继续。

安雅宁进入公司刚刚一年，因为表现优秀，很受领导器重。她也暗下决心一定要做出成绩来。一次，上级领导要她负责一个企划案，为一个重要的会议做准备，还透露说如果这次企划案能赢得客户的认可，她将有可能被调到总公司负责更重要的职务。对安雅宁来说，这是个千载难逢的机会。她非常卖力，每天都熬夜准备这个企划案。

可是，到了会议那天，安雅宁由于过度紧张，出现了身体不适，脑子一片混乱，甚至没有带全准备好的资料，发言的时候词不达意，几次中断。会议的结果可想而知……

失去了一个这么好的机会，安雅宁为此懊恼不已。之后，由于她的

状态一直不好，又有过几次小的失误，她对自己更加不满。以前自信的她，现在忽然觉得自己不适合这个工作，不然为什么老是在关键时刻出错呢？她开始惩罚自己，经常不吃饭，想通了又暴饮暴食，或者拼命地喝酒。

安雅宁的情绪越来越不好，领导找她谈过几次话，宽慰她过去的事情都过去了，人应该向前看。虽然她的情绪渐渐稳定了下来，但是她还是不能原谅自己，没有心情做好手中的事情，以致对工作失去了当初的信心。最后，她不得不递交了辞呈。

很多人在犯错之后，不能原谅自己，甚至憎恨自己，进而影响到现在乃至未来做事的心情。如果憎恨过于强烈，就无法洗心革面，无法看到希望的曙光。不如反过来想一想，错误既然已经犯下了，再惩罚自己有什么用呢？而且你已经为此付出了沉重的代价，为什么还要搭上现在和未来呢？

当为曾经的错误付出了沉重的代价后，可不可以原谅自己呢？只有原谅自己，才能重新调整心情，开始新的生活。而那些无法原谅自己，始终对自己的过去耿耿于怀的人，终将得不到人生的幸福。

一位女士结婚三年，生下了一个又白又胖的小男孩儿，家人皆大欢喜。尤其是一直生活在农村的公公婆婆更是笑得合不拢嘴，买了一大堆东西来看孩子。她当然也是高兴得很，想着一定要养育好孩子，以报答公公婆婆和丈夫。

孩子刚刚满月的一天夜里，之前由于孩子一直哭她未能休息好，好不容易把孩子哄睡，她也很快进入了梦乡。可是，也许是她太累了，睡得太熟了，被子蒙住了孩子的头，她居然没有发现。等她发现的时候，孩子已经停止了呼吸。她顿时号啕大哭，大叫着："是我害死了孩子！是我害死了孩子！"一连几天几夜不吃不喝，就这样大喊大叫，任谁劝都不听。

最后，她疯了，整天抱着孩子的小衣服、小被褥，一会儿哭，一会儿笑。嘴里唠叨着："我有罪，我该死……"

出现这样不幸的事，一般人一时确实难以忍受。但可怕的事情既然已经发生了，并为之付出了惨痛的代价，就应该原谅自己，承认事实，接受事实，总结教训，将自己从过去的痛苦中拯救出来。在神话里，连神灵都可以原谅自己，那么你我这等凡人为什么要和自己过不去呢？

每个人都希望自己的人生道路和事业道路都能够一帆风顺，最好不要犯任何错误，其实这一观念是不符合自然规律的，只不过是自己的一厢情愿罢了。"人非圣贤，孰能无过。"无论是在工作中还是生活中，犯错本来就是难以避免的事情。关键不在于你犯的错本身，而在于你犯错之后的反应。

常常听一些人痛苦地说："我永远无法原谅自己。"可是，不原谅又如何？那等于把自己推入了一个永不见底的深渊，从此再也看不到希望和光明。而世上没有"后悔药"，谁也不能改变过去，对自己的责怪只能加深自己的痛苦。

其实犯错本身并不可怕，可怕的是我们失去了直视它的勇气，更可怕的是我们从此失去做事的心情，以至于赔上了现在和未来。所以，切莫再抓住过去的伤疤不肯放手，赶快从自怨自艾的泥潭中跳出来，朝气蓬勃地投入到新的生活和事业中去吧！

只有真正从心底里原谅自己，才能驱走烦恼，让心情好转。学会原谅自己，不是给自己找借口，而是很平静地分析自己过去的错误，从而在错误中得到教训，做到"经一事，长一智"。

我们不仅要学会原谅别人，更要学会原谅自己。如果不能原谅自己，便会陷在失败的泥潭里无法自拔；如果不能原谅自己，便会终日在自责中度过；如果不能原谅自己，便会失去自信，失去前进的勇气……

不能让别人制造的麻烦转变成你的烦恼

无论你多么愤怒，都不能把别人制造的麻烦转变成自己的烦恼。想想看，如果因为别人的过错而使你陷入无尽的烦闷与悲伤之中，你就成了唯一受到伤害的人，而且是你自己在强化这种伤害的深度和长度。这样，是多么不值得呀。

在2006年“青歌赛”落下帷幕的时候，中央电视台的“名嘴”王志在专栏节目《面对面》中采访了评委余秋雨。

向来以“不讲情面”闻名的王志，此次面对有着众多非议的余秋雨，更是穷追不舍到了极点：先求证“离婚”的传闻，再提及辞去上海戏剧学院院长职务原因的假说，后逼问做“青歌赛”评委是否在推销自己……

在轻松化解了王志的步步紧逼之后，余秋雨说了这样一段颇为经典的话：“多年来，我得到的荣誉太多了，需要有一些非议来平衡一下。很多时候，人没有非议是不真实的，非议就像人的影子，人越高，影子就越长。”

审视一下你自己，别人对你的非议是不是也在困扰着你呢？如果答案是肯定的，就不妨像余秋雨先生那样去坦然地面对。因为，别人对你有非议，并不代表你做得不够好，恰恰说明人家关注你，也是一件好事情。

闷热的午后，一个农夫心急火燎地划着小船给另外一个村子的人运送货物。

转过一块巨大的礁石，农夫突然发现前方正有一只小船顺流急速而下——眼看就要撞上了，但那只小船依旧没有避让的意思，似乎是有意要撞翻自己。

顿时，农夫急了，大声地吼着："喂，让开，快点让开，你这个白痴，再不让开就要撞上了。"

奇怪的是，那只小船竟然没有一点儿动静。

没办法了，农夫只好手忙脚乱地撑了几竹篙试图让开水道——然而，为时已晚，只见那只小船"噎"地冲下来，"砰"地一声就撞上了。

"混蛋！"农夫恼羞成怒，厉声斥责着，"喂，你会不会驾船啊，这么宽的河道，竟然撞到了我的船上。"

奇怪的是，还是没有一点儿动静。

农夫纳闷了，定睛看去，这才吃惊地发现：小船上空无一人，自己大呼小叫了半天，那不过是一只挣脱了绳索而顺河漂流的空船。

在多数情况下，当你责难或者怒吼的时候，你的听众是不是也是"一只空船"呢？如果答案是肯定的，就说明你也是"一介农夫"而已。因为，你的责难或者怒吼，不会改变人家的"航向"，相反只会增添你的烦恼。

在这里，一个故事为我们揭示出了一个深刻的道理：无论你多么愤怒，都不能把别人制造的麻烦转变成自己的烦恼。

可以说，生活在这个世界上的男女老少，都有着各自不同的烦恼，有的来自生存的压力，有的来自自身的缺陷，这类烦恼是可以依靠自己来解决的——或者努力改变自己的状况，或者努力调整自己的心态。但是，相当大一部分的烦恼却是来自于外界、来自于他人。比如：遇到一个糊涂而失职的领导，我们会埋怨人生不得志；遇到一个忘恩负义的朋友，我们会埋怨自己瞎了眼；遇到一个不讲卫生的邻居，我们会埋怨倒了八辈子霉；遇到一件不公平的事情，我们会埋怨人心不古、世道丑恶；遇到一个不够称心如意的伴侣，我们会埋怨当初被表面的美好冲昏了头脑……从而心生怨气，并且愈演愈烈，直至让所谓的外界和他人的过错在我们自己身上留下深深的印记，然后日复一日地憎恶着、痛恨着、埋怨着、苦恼着、伤心着、咒骂着。

可否想过：这样有什么用呢？很显然，没有丝毫的实惠之处，简直就是“拿别人的过错来惩罚自己”嘛！反之，如果我们能够用抱怨的时间去经营自己的生活，相信一定可以活得更加惬意并且舒坦。毕竟，人来世上一遭，不是让我们把宝贵的生命浪费在对别人的埋怨和痛恨里——即便难以改变别人，那么就尝试着去改变自己吧，改变自己的心态、改变自己的认识，甚至可以对这些影响我们心情的人和事熟视无睹。正所谓：“生活中的阴暗面，如果我们没有能力抑制并消灭它的话，我们还是不想为好，为什么要让这些苍蝇臭虫弄得自己恶心呢？”

有智者说：“不要把别人制造的麻烦转变成自己的烦恼，更不要长时间地陷入这样的烦恼，因为这无疑是加深对自己的伤害。所以，重要的是吸取教训，总结经验，及时做出决断。”不让别人制造的麻烦转变成自己的烦恼，就是珍惜自己的心情和健康，就是给自己更多的快乐和幸福。

在这个充满竞争而且容易浮躁的时代里，没有人能够有足够的精力和情感去抗拒别人又娱乐自己，我们只能在两者当中选择其一。但相对来说，抗拒终究不如娱乐，那就让我们多在自己的心田里播撒一些灿烂的阳光吧，这样才能多看到别人的优点和长处从而忽略掉别人的缺点和短处。直至少埋怨别人、多充实自己，把更多的时间和精力放在自己所喜欢的事情上，开心快乐地度过每一天。

第九辑

保持最好的自己，你的修养决定你的世界

走自己的路，让别人说去吧！在如今，大多数的人都很难做到按着自己的内心去做一件事情，有的时候甚至会迷失自己，让自己失去方向。所以，保持最好的自己，这样才会创造一个属于你自己的未来。

真诚地关心他人，才能赢得好朋友

你能记得自己十个朋友的生日吗?

是不是觉得自己很难有信心来回答这个问题?

那好，我再把范围缩小一些。你能记得自己一两个好朋友的生日吗?

很多人还是难以回答这个问题，你可能会反驳说："真正的好朋友是不在乎这些小节的。我们彼此心心相映，在有困难的时候，对方都会鼎力相助。"是呀，一个人一生中有几个知心朋友是幸运的。虽然好朋友之间不会计较太多琐碎的问题，但我还是希望你能记住自己朋友的生日，因为我们生活在一个需要朋友的世界里。

有些成功的人士，他们就十分关注朋友的生日。他们会利用各种方式来探知对方的生日，并牢牢地记住它，将他们的生日标在对应的日期簿上。当朋友生日的时候，他会送去自己的问候，可能仅仅是一个简单的问候，但足以让对方觉得有一个朋友在默默地关心他，足以让他激动到难以自持。

是呀，当我们想要结交一个朋友时，真诚、用心地去关心对方无疑是必须的。因为，对于友谊来说，我们每个人都有一颗敏感的心。任何一点虚情假意，我们的心都可以像雷达一样敏锐地捕捉到。如果不去真诚地关心他人，就只能失去一段伟大的友谊。心理学家阿德勒在《生活的意义》一书中曾这样说："对他人漠不关心的人，不仅会在一生遭遇众多的困难，而且还会殃及池鱼，使他人也因此而遭受损失。所有人类的失败，都是由这些人造成的。"一个只关心自己的人，他的一生必然会是失败的。因为，我们这个社会是一个需要与他人不断接触，不断发生关系的社会。如果你只是关注自己，以自己为中心，那么，你肯定是一个永远也不会懂得生活的人。你不可能参透生活的真谛，也永远不会赢得别人的友谊，赢得别人的喜爱。

真心地去关心他人吧！因为你在关心他人的同时，不仅会给他人带去快乐，而且也会收获他人的友谊与爱戴。

美国总统西奥多·罗斯福的黑人男仆詹姆斯·埃莫森曾写过一部纪念罗斯福的书——《西奥多·罗斯福，仆人心目中的英雄》。在书中，埃莫森记载了罗斯福生活中这样一个小细节：

“我妻子对鹈鸟十分好奇，因为从来没有见过这种鸟，所以，她就向总统请教关于鹈鸟的相关问题。总统听了之后，向她做了十分详细的描述。我妻子则听得似懂非懂。过了一段时间，我屋里的电话响了起来。我妻子接的电话。打电话的是罗斯福总统，他说打电话过来，是要告诉我的妻子，此时在她的窗外，正好有一只鹈鸟，如果她快点到窗户那里去，或许还可以看到它。像这样细小的事情，正是总统关心他人的体现。无论他什么时候经过我们屋时，无论他有多忙，他总是会热情地跟我们打招呼。‘嗨，嗨……安妮！’‘嗨，嗨……埃莫森！’这正是总统对我们的一种友善的问候。”

罗斯福总统正是因为对别人的关爱发自内心，所以他赢得了仆人们的尊敬和爱戴。试问，像这样无微不至关怀他人的谦谦君子，有哪个人不会喜欢上他呢？如果一个人真心地关爱他人，那么，他在两个月内结交的朋友，会比那些只等着别人来关心他自己的人两年认识的朋友还多。

朋友是需要用心去交往的。我们只有对他人产生了真挚的兴趣，他人才会来关注我们、接纳我们。正如古罗马著名的诗人西拉斯所说的：“我们对他人产生兴趣的时候，也正是他人对我们产生兴趣的时候。”如果你想获得伟大的友谊，首先，你需要真诚地关心别人。

爱自己——健康成熟的标志

“爱自己”，就是要把自己作为爱的对象。这不是让你自以为是，也不是让你自怜自艾，而是要让你懂得自己、接受自己、尊重自己，将目光投射在自己的身体与灵魂之上。

我们总是在不遗余力地追求身外之物，比如金钱、地位、爱情……或许，你会说自己追求的这些物质正是爱自己的表现，因为只有满足了自己的欲望，才能使自己感受到快乐，才能使自己体验到自我实现的价值。每个人都有自己追求梦想、实现理想的权力。我们只是希望在你追求的路途上，可以时不时地停一停，关照一下自己的身心。因为，很多人在追求的道路上迷失了自己，他们看到的不再是目前的自己，而是未来的自己，是虚幻中的自己。当一个人把未来的自己——已经完美的自己作为行动的主体时，他就无法阻止欲望的无限膨胀，他就会以超越自己能力的目标来鞭策自己继续前进。而这已经脱离了对自己的关爱，甚至说已经成为了一种对自己的虐待。因为此时，一个人已经分不清楚真正的自己到底是谁，他只会以幻想中的自己（或许可以理解为自己幻想中的他人）马首是瞻。迷失自我的人，已经是一种病态中的人，已经无法再去关爱自己。

斯曼莱恩·布兰顿博士在他的著作《爱，或者寂灭》中说：“适度的自爱，是一个人健康的反映；适度的自重，对工作和成功都将大有裨益。”是啊，一个能够适度自爱的人，才能够冷静地分析自己，从容地接纳自己，理智地尊重自己。一个人只有学会“爱自己”，才能说他形成了健康成熟的生活方式。

一个成熟自爱的人，不会陷入自己的幻想之中，也不会以他人的优点来评判自己。这样的人，不会浪费精力去思考自己何处不如他人。比如，他不会去想自己为什么没有汤姆那么优雅，他也不会去想自己为什么没有乔治那么自信，他会把精力放在自我批评、自我修正上面。他会时刻把握自己的目标和动机，然后在追寻的道路上脚踏实地，一丝不苟。这样的人才是懂得自爱的人，他不会盲目地崇拜别人，他也不会虚幻地崇拜自己。

然而，很多人却因为虚幻地想象自己，盲目地崇拜他人，或者说极度地关爱自己，而导致自己精神分裂，最终迷失了自我。

有这样一个精神病人。她不仅渴望能够获得爱情上的满足，养育一个健康的孩子，而且还希望自己能够拥有崇高的社会地位。但是，她所有的希望都被现实粉碎。她的丈夫不仅不爱她，还离她而去，她始终没有生育孩子，更别说获得崇高的社会地位。终于，她无法忍受现实与梦想之间巨大的差距，疯掉了。她的精神产生了分裂，在她的幻想中，她相信自己嫁给了一个英国的贵族，并且坚持让别人称她为史密斯夫人。不仅如此，她还认为自己已经生育了一个孩子。

极度地自爱，极度地关注自己，让人的心理产生了畸变。我们生活在一个竞争激烈的社会之中，只强调物质上的成功、社会地位的价值，赶超别人，以及让自己成为他人的目标，这些都是造成现代人精神疾病的根源。

哈弗大学心理学教授罗伯特·W. 怀特在《进步的生活：性格自然成长的研究》一书中，曾这样写道：

“现在有这样一种流行的观点，即任何人都应该不断地调整自己，以适应自己生存的环境。当我们不能改变世界的时候，我们就应当改变自己。其实，这是一种错误的观点。它让人觉得最成功的人都善于调整自己，改变自己，以适应相对稳定的生活模式、枯燥的生活规则、苛刻的外界环境，或者是屈从于成功的欲望，尽一切可能地去努力适应周围环境。事实上，这样做的结果只能使人迷失自我，失去成才和创新的可能性。总之，屈服环境，就会使人丧失自身的创造力和发展的潜力。”

是啊，现在有太多的人认同这样的观点：“不能改变世界，就要改变自己适应这个世界”。最初，他们因为自己独一无二的个性而与这个世界产生了冲突，这导致他们内心产生了恐慌。于是，他们急忙去寻找他人遗留下来的人生经验，并毫无保留地全盘接受。一个有棱角的人就是这样被生活打磨圆滑的。这样的人或许会为自己的八面玲珑、左右逢源而暗自欣喜，但是，他们却是一群不懂得自爱的人。因为，他们从来没有尊重过自己的意愿。

让我们再读一遍斯曼莱恩·布兰顿博士在他的著作《爱，或者寂灭》中说的话吧："适度的自爱，是一个人健康的反映；适度的自重，对工作和成功都将大有裨益。"

将自己放在首位，遵从自己内心的需要

将自己放在首位，并不是要我们去做一个自私的人，而是要我们去做一个懂得关爱自己的人，一个热爱生活的人。一个自私的人，他是永远不可能学会如何关爱自己，热爱生活的。虽然他事事从自己的利益出发，处处为自己的利益考虑，若他所追求的都是欲望膨胀后的物质财富，这只会使他处于疲于奔命、苦于应付的无力虚弱的状态之中。一个自私的人的欲壑是难填的，他不会因为物质的满足而品尝到心灵真正的喜悦与放松。因为，一个自私的人除了紧盯财富之外，从不会斜视一下生活中真正的精彩。

然而在生活中，大多数人是自私的，人们很容易就蒙蔽了自己的灵魂，沉迷于物质财富的追求之中。除非一声晴天霹雳将其惊醒，否则人们很难幡然醒悟。美国作家谢里尔·理查森在他的著作《为你的生活花点时间：理想生活七步》中讲述了他自己遭受的"晴天霹雳"：

"那是1984年12月寒冬的一个早上，我听到了一个足以改变我一生的坏消息。大约6点左右，我的母亲打电话给我。在电话的那头，母亲哭着告诉我，我们的家业毁了，毁在了一场突如其来的大火中。我赶紧开车赶回家里。赶到家时，我看到消防员正在全力抢救，而我的父亲则

坐在一个阶梯上面流眼泪。大火仍在肆虐，而我的艺术品、家具、办公设备等已被大火烧尽。

“这时，我突然觉得之前的生活是多么的没有意义。我亲身体会到，生活是如此的不堪一击，而我们关注怎样度过一生，又是多么的重要。这次劫难，迫使我回顾了以前的生活。尽管家乡的人们觉得我取得了成功，可是我并不快乐。我的工作压力很大，工作时间很长，而且强度很高。我觉得自己以前的生活就是不断地工作、工作，除此之外，就没有别的可以引起自己回忆的。我把自己的时间留给了客户、生意伙伴，我总是尽量满足别人的需求，而我自己的需求却被自己遗忘了。是的，我取得了金钱、地位。可是，在面对这场火灾的一刹那，我突然发现了自己内心中真正的渴求——我需要快乐。

“我需要放慢自己的节奏，好好地回想一下自己的生活。我应该认真地扪心自问，什么生活才是我真正想要的。”

为什么一个人只有经历了灾难、危机才会重新审视生命的意义，才会重新认识生活的真谛？为什么我们不可以一开始就全身心地投入到生活之中？

或许，太多人把物质的追求误认为是生活的全部，以致于他们会认为只有物质上的富足，才能达到生活中的幸福。他们总是在说，“如果我有多少钱，我就会去做什么事情”“如果我达到了什么位置，我就会实现自己从前的梦想”……结果，这些人大部分陷入生活的悖论之中，他们越是拼命追求，越是清楚地感受到内心的痛苦。

随着社会节奏的加快，竞争的加剧，现代的都市人越来越受到“亚健康”的威胁。“亚健康”是一种濒临疾病的临界状态。处于亚健康状态的人，虽然身体没有病灶，但是却出现了精神活力和适应能力下降的情况。如果这种状态得不到及时纠正，往往会引起心理上的疾病。在目前的都市人群中，处于“亚健康状态”的人已经相当普遍。这些人在所谓的“生活压力”下拼命工作，努力充电，生怕遭到社会的淘汰。他们内心充满恐惧与焦虑，眼睛紧紧盯着自己的职位与工作，已经无暇欣赏丰富多彩的生活。对他们来说，工作已经成为了生活中的一切。这些人已经失去了爱自己的能力，因为他们已经把自己当作了社会这部庞大机器中的一个微小的零部件。他们只能机械地发挥着自己的光和热，被动地接受生活的“馈赠”。虽然，这些并不是他们内心所要的。

将自己放在首位，遵从自己内心的需要生活吧。这样，你才能得到正确的指引。即使你所追求的道路荆棘密布，你也不会因此而产生无力感、挫败感，你也不会因为偶然的失败而痛苦不堪。因为，这条道路是你的灵魂之路，它将给你带来所有的激情、所有的动力、所有的欢愉。

呵护友谊，好朋友不难有

《西塞罗文录》中有这样一句话：“假如一个人独自进入宇宙，看到了宇宙中光怪陆离的神奇现象，看到了群星的灿烂光辉，但是他并不会因此而感到快乐，他必须找到一个人向其描述自己看到的奇观。唯有如此，他才能获得快乐。”是呀，如果一个人没有倾诉的对象，他又如何能进行感情的交流呢？

我们都是宇宙中孤独的孩子，在寻找着自己的伙伴。我们大部分人是幸运的，因为我们总能找到自己的伙伴。因此，很多人对于友谊并不那么在乎，他们内心深处隐约闪现着这样的想法：“我总是能找到朋友的。”要知道，友谊，是一个可爱而又挑剔的孩子，如果你怠慢了他，他很快就会从你的身边溜走。友谊是需要呵护的。

丽莎是一个活泼开朗的女孩，她总是能用自己的幽默逗得周围的人哈哈大笑，即使对于不熟悉的人也能保持热情。因此，大家觉得丽莎是一个不错的交友对象。然而，丽莎身边的人却发现了这样一个现象：尽管丽莎活泼开朗、平易近人，但是丽莎并没有一个知心的朋友。

丽莎并不是没有朋友，只是她不懂得如何维持友谊，所以她的朋友一个个离她而去。原来，丽莎有一个致命的缺点，那就是自私自利、表里不一。她的一个朋友气愤地说，丽莎曾经瞒着她跟她的男朋友偷偷约会；另一个朋友则说，丽莎看起来乐于助人，其实事到临头，她总是首先考虑自己的利益；还有人说，丽莎总是喜欢背后说人坏话，这样的人怎么能做朋友呢？

就这样，丽莎总是不断地失去自己的朋友。

不容置疑，丽莎的性格适于结交朋友。她也曾经拥有很多朋友，可是她并没有将友谊放在心头，而是将自己放在了心上。她还没有领悟到，当拥有朋友的时候，还要懂得如何呵护友谊。

1863年1月，恩格斯的妻子玛丽逝世。因为妻子的离去，恩格斯的内心充满了无法排解的悲伤。为了一吐心中的忧伤，恩格斯想到了自己的挚友、革命伙伴——马克思。他提笔给马克思写了一封信，希望可以得到马克思的安慰。此时，马克思的处境也十分窘迫。因此，在回信中，马克思并没有对恩格斯表示过多的安慰，仅仅用了一句话表达自己对玛丽去世的哀悼，之后，便向恩格斯大吐自己的苦水。恩格斯从信中感受到自己妻子的去世并未引起马克思的重视与悲伤，心中十分恼火，便又给马克思写了一封信。这封信言辞激烈并暗示要和马克思断绝20多年的友情。马克思看完信后，内心十分不安。他马上写信，向恩格斯表达了自己的歉意，并再次表达了对玛丽去世的哀悼。这封信写得情真意切，最终打动了恩格斯。两个人终于言归于好了。

看一看，即使是具有共同信仰，有着20多年友情的革命导师，也会因为一些疏忽而危及自己的友谊，我们又怎能疏忽大意呢？

友谊是需要呵护的。在这里向大家介绍几条专家推荐的原则，希望可以对你稳固自己的友谊有所帮助。

当两个人成为朋友时，彼此便放松了之前的矜持。这样的心态很容易破坏彼此之间的友谊。因为，一旦你放松了自己的矜持，你就可能会出言不逊，不顾及对方的尊严。如果你无意之间的言语损害了对方的尊严，那么对方很可能以后就对你敬而远之。所以，即使彼此已经非常熟悉，也要时刻注意维护对方的尊严。

朋友之间虽然无间，但还是要分清彼此，不要随便使用对方的东西，尤其是未经对方的同意。对于一些私人的物品，比如剃须刀、香皂等更是不要随便使用。此外，对于朋友的物品，要像对待自己的物品一样用心保管，这样才能赢得朋友的信任。

一定要兑现朋友之间的承诺，切不可言而无信。对于自己不能做到的事情，不要盲目地答应，也不要因为不好意思而不愿张口拒绝。对于这种情况，要在第一时间向朋友坦承自己无能无力，不要耽误朋友的时间。

当你需要朋友的帮助时，不要逼迫他们伸出援手。你要适时地站在朋友的位置上，考虑朋友的难处。对于朋友的帮助，你要真心地感谢；如果朋友拒绝提供帮助，你也不要耿耿于怀，要懂得体谅朋友的难处。

朋友之间的付出应该是无私的，不图回报的。如果你每次付出之后，都要朋友做出相应的回报，那么，你的朋友以后便不会再请你帮忙，你们之间的友情也会因此而慢慢变得淡薄。

美丽的世界，你需要一个好的外表

对于在社会上拼搏的人来说，需要重视自己的着装。而对于着装最好的建议莫过于这样一句话：“使你的衣着好看，但不要过于华丽。”简约往往是服装最吸引人的地方。对于现在的人来说，每个人都可以买到适合自己的服装，因为现今的服装品种繁多且价格多样。即使自己无法拥有一套合适的服装，你也不必因为衣着寒酸而羞愧，因为你穿着的服装是通过你的劳动获得的，而不是嗟来之食。因此，你理应受到和其他人一样的尊重。重要的不在于衣着是否寒酸，而在于衣着是否整洁。如果你的衣着邋遢的话，那你就要为此负上全部的责任了。只要你在自己的经济范围内穿着打扮，那么不管你看起来多么寒酸，你的着装也是得体的，值得尊重的。尽最大的努力来修饰自己的仪表，如果你能够时刻保持外表的整洁，保护自己的尊严不受侵犯，那么即使在最不利的情况下，你都可以保持一定的风度，进而使自己拥有高贵的气质、无穷的力量和惊人的吸引力，而这些都会为你赢得他人的尊重与敬佩。

赫伯特·H.弗里兰曾经是长岛铁路公司一个铁路段的负责人，但是在很短的时间内，他就晋升到了纽约所有路面铁路负责人的职位。在《如何获得成功》这份演讲稿中，赫伯特谈了自己认为可以促进成功的一个因素，赫伯特说："服装无法改变一个人，但是好的着装让很多人得到了理想的工作。如果你现在要找一份工作，手头上有25美元，那么我建议你花20美元买一套衣服，花4美元买一双鞋，然后把剩下的钱用在胡子、头发的修饰上，最后你还要注意衣领的整洁。之后，你就可以去找工作了。这样做的话，你就会让这些躺在口袋里的钱发挥出最佳的效用。"

事实上，绝大多数大公司都有这样的规定：不聘用那些看起来灰头土脸、邋里邋遢或者不注重个人形象的求职者。一位在芝加哥最大的零售商店负责人事招聘的工作人员说："尽管我们对每一份求职申请都严格按照规定进行审核，但是影响求职者是否被录用的关键一点，还在于他们各自的个性。"

正如上文所说，一个人的仪表将会反映出一个人的内心，因此，我们要十分注重自己的着装，务必使其与自己的个性相得益彰。因此，无论一个求职者多么有才华，有能力，他都不能在个人形象这一重要方面出现纰漏。有时候，很可能注重形象但能力有限的人得到了相应的职位，而那些才华横溢但不修边幅的人却惨遭淘汰。

其实，在招聘中关于服装的规定在很多地方都是盛行的，甚至是根深蒂固的，因为很多雇主从日常的工作中都发现了着装与个人品质之间的关系。伦敦服装商的记录中就曾提到这一现象："那些注重个人形象，衣服整洁的人，在工作时也会表现得格外细致，对产品的外观也会特别在意。而那些生活邋遢的人，他们生产出的产品也会和他们本人一样龌龌不堪。在店面柜台上发生的情况与在车间里发生的情况是一致的。漂亮的售货员小姐往往十分重视自己的着装，她们绝不会穿着与佩戴那些领口肮脏、袖口破损的衣服、颜色褪去的领带。由此可见，个人的生活习惯以及其对自己仪表的关注往往会反映出一个人的工作状态。”

所有那些想通过自己的努力过上幸福生活、赢得自尊的年轻男女，你们绝对不能忽视着装对你们前途的影响。因为，“一个人的性格通过他的着装就可以看出来”。衣着整洁往往显示着一个人优雅和轻松的心态，而邋遢的服饰则会让人觉得此人处于一种焦虑或者愤世嫉俗的心境中。毫无疑问，人的衣着往往会对人的心情和自尊产生影响。伊丽莎白·斯图亚特·菲尔普斯说：“注重穿着整洁的意识本来就是道德力量的源泉，仅次于清白的良心。熨烫很好的衣领和崭新的手套已经让很多人在危急时刻渡过了难关。如果衣着出现一些褶皱或者撕裂的话，那么他们很有可能遭到失败。”

对于穿着得体的男士、女士来说，注意细节是十分重要的，也是必须做到的。让我们来看下面的这个故事：

为了让一些女孩子有机会接受良好的英语教育，并学会自食其力，一位富于爱心且非常富有的夫人开办了一所工业学校。此刻，她需要招聘一位老师兼监管人员。机构的托管人向她推荐了一位年轻的女士。这位女士不论是能力、学识，还是行为举止都得到了大家的极力称赞，因此，这位夫人认为如果能招到这位年轻的女士，不但是自己的荣幸，更是这所学校的福音。

这位女士被告知马上去见该校的创办者，即这位夫人。但是，在见面之后，这位夫人却没有录用这位年轻的女士，而且没有给出任何拒绝的理由。

过了很久，这位夫人的一位朋友向她询问这件事情，问她为什么没有给那位年轻的女士看似最适合她的职位，因为这件事情看起来让人十分费解。这位夫人回答道：“她之所以被拒绝只是因为一件小事。但是，在古埃及的象形文字中，一件小事包含着众多的意思。那位年轻女士来见我时，穿得十分时髦、华丽，但是她的手套却十分破旧、肮脏，并且鞋子上一半的扣子都没有扣好。一个不修边幅的女性怎么能够做女孩子的导师呢。”

可能这位年轻的女士永远都不会知道她为什么没有得到这个工作。事实上，她在各个方面都是非常优秀的，除了自己没有注意着装时的细节问题。

是的，着装反映了一个人的性格。其实，不仅仅如此，它还反映出一个人对待生活的态度。即使你穿的不是最名贵的衣服，不是最时髦的衣服，只要你能够做到衣着整洁，你也同样可以获得他人的尊敬与好感。相反，如果你衣着邋遢，即使你穿着世界上最美丽的服装，也不可能给人以美感，只能让人觉得衣服穿在你的身上是暴殄天物。对于年轻人来说，不仅要注意提高自己的修养，还要注意自己的穿着，因为这同样影响着你今后的事业与生活。

投资美好，人生才有绚丽的色彩

对美的热爱是一种不可替代的力量，它能升华人性，使其更加自然、丰富。人生中所能进行的最好投资，就是培养美的鉴赏力。这种能力一旦形成，不仅会使你的人生旅途充满绚丽的色彩，还可以增加你人生的幸福感，提高你工作的效率。

芝加哥一个小学老师在学校里给自己的学生打造了一个“美之房间”。她在所有的窗户上都装上了彩色的玻璃，在沙发上铺上了具有东方格调的毛毯，还在墙壁上挂满了各种精美的图片、油画，其中包括一幅《西斯廷圣母》。

建成之后，学生们十分喜欢在里面玩耍，尤其喜欢那五彩斑斓的玻璃。更让人惊讶的是，不知不觉间，这些学生在美丽事物的熏陶下，不仅变得优雅、高尚，而且变得更加细腻、体贴。其中有一个被视为不可救药的、淘气的意大利小男孩，也在很短的时间内转变成了一个温文尔雅的孩子。当老师好奇地问他为什么这么乖时，小男孩指着墙上的圣母像说："怎么能让那么美的人看见我在做坏事呢！"

在人生的旅途中，任何事物都不能像美这样发挥着巨大的威力。它是人类借以与造物主对话的纽带。在面对这个庄严、宏伟和完美的大千世界时，只有沉思冥想，我们的灵魂才能有机会接近那神圣的美。也只有在那样的时刻，我们才能感知到内心深处无穷的创造力。

19世纪英国艺术评论家罗斯金对美充满了无限热爱之情。也正是对美的热爱，使他的一生都充满了令人为之惊叹的魅力和温情。对美的不懈追求，使他在激发出强大进取动力的同时，还拥有了一个开阔的胸襟。他在沉醉于美的同时，心灵得到了净化，灵魂得到了升华。正是那种对自然和艺术之美的追求和理解，才使他的每一篇作品都具有无尽的热忱、真挚的感情与非凡的意义。

对美的追求，将对人们生活的安稳与和谐产生重要的推动作用。可是，我们却经常忽视身边的美好。虽然我们从不留心身边的美丽，但是，当我们邂逅美丽时，无论它以何种形式展现在我们面前——一幅绚丽多姿的经典画作，一次壮美的落日余晖，一张美丽清秀的脸庞，一片芳草凄凄的草地，都将使我们的情操和性情得到陶冶和升华。

保持心灵对美的敏感十分重要。因为美能使你神采奕奕、生机盎然，美能赐给你无尽的活力、健康的灵魂。

可是，只要我们仍然执迷于将全部的才华、精力和能量用于追逐金钱，任由我们的社交能力、审美能力和身上一切高尚的事物陷入沉睡甚至荒废的境地，那么我们就不可能拥有美满的人生。执迷不悟只会使我们急功近利，培养出一些可以为我们带来利益的技能，而其他的才华和天赋却都将因此而衰退。一旦人性中美的一面无法生长，那么恶的一面必将繁荣昌盛。放纵自己的兽性，忽视生活中的美好，人类终将因此而付出惨重的代价。

所以说，美感和性情的培养至关重要。总有一天，我们的孩子不论在家中还是在学校，都将接受这样一种教育：美是造物主所赐予我们的最珍贵的一份礼物。我们不仅应将美视为一种神圣的教育手段，还应将其视为一方净土，让其永远保持纯洁和愉悦世人的本质。

一位老人曾经讲述过这样一个故事：

在一次旅途中，这位老人与一位老妇人相邻而坐。他注意到，这位老妇人时不时地从车窗中探出头去，将一瓶粉末状的东西抛洒到车外，之后再从自己的手提包里面舀出一些粉末将之前的瓶子装满。

原来，这位老妇人是一位花卉爱好者，多年来始终笃行一句箴言："请沿途撒播鲜花，因为你可能永远都不会再次踏上这条旅程。"所以，这个老妇人便开始在乘坐火车的旅行中撒播花籽。渐渐地，这就成为了她的一种习惯。后来，铁轨沿线的风景渐渐因为她撒播的花籽而变得美丽起来。

正是因为老妇人不忘在沿途经过的地方洒下花籽，将对美的热爱化作对生活的热爱，人们才能够欣赏到一路美丽的风景。

如果人人都能够像这位老妇人一样，一路撒播美丽，那么这个世界必将成为美的天堂！让人生充满美好吧，这将是最明智的投资。它不仅可以陶冶你的情操，培养你对真善美的领悟能力，还可以让你从拜金主义的桎梏中解脱出来。恐怕在短暂的一生中，再没有其他什么投资能够获得如此丰厚的回报了。

多怀慈悲心，一切皆美好

在日常生活中，我们经常听说这样的禅语："出家人以慈悲为怀""放下屠刀立地成佛""饶人一命，胜造七级浮屠"。这些禅语无不体现佛家的大慈大悲之心，用来普度和感化着世人。

弥兰王曾向那先比丘求道："请问大师，世间哪里的水比大海之水更多呢？"

"比大海之水还要多的是佛法甘露的一滴水。"那先比丘回答说。

“为什么？”弥兰王百思不得其解。

“这一滴水，可以消除众生罪业，洗净身心，所以比大海之水更加有力、更加充沛。”

对此，证严法师做了这样的解释：法水清净明澈，能洗涤众生罪业，所以比大海之水更加有力、充沛。而世间之最美，皆由内心出发。美丽的容颜无法历久不衰，美丽的心却能永远动人。唯有心善、心真、心慈，并显现于外在的相貌、举止、气质才让人动心。

你是否曾经从竹林旁经过？

几场春雨过后，春笋从湿润的泥土中探出头来，鲜嫩的绿色瞬间充溢了全部的视野；初夏时节，竹林绿荫成片，绿的叶，青的竿，投下一片浓浓的绿荫；秋风拂过，竹林一片金黄，竹叶在微风的轻抚下翩翩起舞；隆冬来临，积雪覆盖之下，有无数生命正等待春暖花开。

证严法师说：“竹子是世间最美好的植物，它以根、枝、叶、茎丰富人之所需，以无私的奉献，得到世人的普遍喜爱。夏竹迎风摇曳，有招风驱暑之妙；竹笛奏出美妙的乐曲，给人间平添悠扬旋律。竹子的自在，竹子的柔美，竹子的宁静，竹子的节操，所谓‘青青翠竹无非般若’，正是修身养性之妙用。”

“出世予人惠，捐躯亦自豪”，竹子的一生虽然非常短暂，从根到梢，从竿到叶，默默地全部奉献出来，它那高洁傲岸的情操无怪乎证严法师对其给予毫不吝啬的赞美。

佛陀降生于古印度，成道后，四处游化，阐释着人生的真理，广说佛法之要，教化了无数的弟子。他就像是慈父，也如同黑暗中的一盏明灯！

有一天佛陀决定亲自巡视弟子的房间，看到弟子比丘躺在床上，于是询问其原由：“你的身体是否安好，心中是不是有什么烦恼？”比丘很想向佛陀恭敬地礼拜，但是无论怎么努力撑起身子，都因为疲惫不堪，根本无法起身。

佛陀看到这样的状况便问道：“你怎么病得这么重，却无人照顾呢？”比丘说：“出家至今，看见病人也不曾细心照料、关怀他人，所以当我生病了自然也没有人愿意前来关心，我真是感到惭愧啊！”

佛陀听完后，就卷起衣袖将比丘的房间打扫得干干净净。帝释天看到佛陀的慈心，也前来用水洗浴比丘的身体，而佛陀也以手轻轻地抚模比丘。顿时，比丘所有苦痛顿时化为清凉。佛陀这时对比丘说：“你出家至今甚为放逸，不知勤求出离生死、解脱烦恼，所以才会身染疾苦，希望你从今天起，要精进用功。”比丘听过这些话之后比以前更加努力了。

佛陀不畏劳苦、不避污秽的行为感动了比丘，让他从内心深处生出一种向佛的力量，正是这种力量，敦促他修成正果。

佛法大乘菩萨道的精神，就是为利于一切众生而有所作为，处处牺牲自我，成就他人，应如是布施，应万缘放下，利益他人的身心。这才是生命的最高道德，也是宗教最闪耀的情怀，是世间最美丽的心灵。

人要常怀一颗慈悲之心，播下一颗慈悲的种子就会收获丰硕的果实；留下几句仁爱的语言，世间就将充满温暖的和风。生活中，拥有一副慈悲心肠，所有大大小小的矛盾都会轻松化解，那些牢牢桎梏的枷锁也就自动解除，你的对手也会成为你的帮手。你的敌人也将会变成你的朋友，因为你的慈悲，一切将会变得更加美好。

充分发展个性，伟大个性成就伟大人物

这是一个同质化严重泛滥的时代。不论是物质商品，还是精神观念，都越来越趋于类似。模仿代替了创新，僵化阻滞了开拓。然而在这个看似姹紫嫣红，却千篇一律的时代，人们的内心依然隐藏着追求自我、追求个性的冲动。个性，成为了这个时代最为稀缺的东西。个性，也成为了这个时代竞争最为激烈的商品。精品的商家纷纷为自己的产品赋予各种各样的个性，通过建立符合商品特性的个性品牌，以此来提高商品的

竞争力。由此，我们看到了各种各样演绎商品不同个性的广告宣传。

个性，俨然成为了商业活动中的救世主。其实，个性确实具备这样的能力。如果把个人看作待售商品的话，那么，个性就是保证价格与销量的重要法宝。

美国著名的银行投资家J.P.摩根在晚年时曾接受过一位记者的采访。在采访中，记者向摩根提出了这样一个问题："是什么决定了你的成功？"

摩根回答道："是个性。"

记者继续提问："对您来说，是资本重要还是资金重要？"

摩根不假思索地答道："资本重要，但是更重要的是要有个性。"

个性，成为了摩根成功的座右铭。事实上，也确实如此。看看摩根的商业行为，我们就知道他确实是一个个性突出的金融家。他曾经在欧洲成功地发行美国的国债；他曾经慧眼识珠，接受了一个无名小卒提出的打造钢铁托拉斯的计划；他曾经力排众议，全力撮合美国的全国铁路进行联合。这一项项波澜壮阔的商业计划之所以成为商业史上的经典，其中很重要的一个因素就是摩根倔强和敢于创新的个性。否则，即使有再多的资本，我想也没有人会愿意推行这些具有极大投资风险的商业计划。

由此可见，个性不仅是一个人自我的展现，也是一个人能力的体现。世界上每个人都是独一无二的，每个人的个性中总有一些能够感动他人，帮助自己获取成功的因素。如果我们已经认识到自己个性的魅力，我们要做的就是充分地将其发展。

居里夫人不仅是诺贝尔物理学奖和化学奖的双料得主，还是一个为人称道的贤妻良母。她身上所散发出的独特的个性光辉，无时无刻不在照耀着他人，这其中就包括一个名叫罗莎琳·苏斯曼·雅洛的女孩。这个女孩在10岁时读到了居里夫人的传记，便被她的个性魅力所深深吸引，立志要成为像居里夫人那样的人。这一想法在当时受到了她周围亲人的一致怀疑，但她始终坚持自己的梦想，终于成为了1977年诺贝尔生理学及医学奖的获得者。

伟大的个性造就了伟大的人物。个性，成为了一个人成功的重要因素。

其实，个性不仅对一个人具有重要的作用，对一家企业来说，也具有相当重要的作用。一家个性十足的企业，它将创造出优秀的企业文化，迸发出极大的创新能力，而这些均是帮助企业发现蓝海的重要因素。台湾的 IT 产业正是通过与众不同的发展道路，克服了先天的缺陷，实现了产业的腾飞。

对于 IT 制造业，美国要求利润要达到 40%，如果利润仅仅是在 15% ~ 20% 之间，就会放弃；日本要求利润在 10% ~ 20% 之间，否则便无法承受；台湾则可以承受 5% ~ 8% 之间的利润，并可以保证产品按质按量地完成。

正是因为台湾与众不同的经营理念，他们才可以一次又一次地接到国际上的大订单，最终成为世界上最大的 IT 产业基地。

个性，是一个人整体的精神面貌，是一个人区别于他人的精神特质。然而，这个世界却并不是一个提倡个性的世界，它要求的是秩序与和谐，是运转过程中的稳定与流畅。因此，对于个性来说，这并不是一个美好的世界，而是一个需要不断抗争的世界。这个世界就如同一个漆黑、坚固的铁屋子，禁锢着个性的生长，打压着个性的发展。于是，一些人在黑暗中迷失了自己，渐渐与黑暗融为一体。而一些人则意志坚强，誓要打破这坚固的牢笼。于是他们充分地发展着，努力地生长着，如同一颗埋藏地下的种子，一旦开始萌芽，便爆发出惊人的力量。终于，一颗嫩芽破土而出，个性穿透了漆黑的铁屋，为芸芸众生带来了一丝光明。这一缕光明如同拂过地面的一丝春风，它将吹醒深埋地下的种子；这一缕光明如同投入平静湖面的一粒石子，它将使死气沉沉的湖面荡起层层的涟漪。是的，当一个人突破社会的桎梏，极致地发展自己时，他的个性不仅会使自己光芒万丈，还会如黄钟大吕般震动每一个人的内心。

充分发展你的个性吧，不仅因为这是你成功的阶梯，更因为这里有一个需要打破平静的沉默世界。

第十辑 再忙也要歇歇，生活是慢节奏的乐章

在如今这个高速发展的社会，朝九晚五已经成为人们一种必然的生活方式。忙碌的人永远只会被生活所累，享受不到生活细节。所以，无论怎么忙也要停下来歇一歇，只有这样才能够更好地享受生活！

别太急，路要一步一步走

人们的生活方式往往会影响人们的心理状态。当人们还处于农业社会时，“日出而作，日落而息”的生活方式，使人们产生出一种十分平和、安静的心理状态。在这种心理的影响下，人们的生活节奏缓慢，注重人与自然的和谐统一。随着社会的发展，人们进入到工业化的时代。在这样的时代背景下，人们的生活节奏随着机器的速度而不断增快，人们开始贪婪地向自然索要过度的物质财富。最终，当人们进入信息化时代时，人们已经被自己的发明创造牵着鼻子走得太快，以至于无暇停下来回顾一下自己的来路。这是一个急速发展的时代，信息正在以光速进行传播，各种交通工具也在技术和道路设施的配合下大大提高了自己的速度。人们完全生活在一个以速度为关键词的社会中，更遑论经济的发展始终以增速的多少来衡量。

“速度”这一词汇，已经深深地潜入到人们的无意识领域之中。由此，人们也开始以速度衡量起自身的发展。“成功要趁早”这一充满着信息化时代特征的口号，如今已经深入人心。于是，为了追求成功的速度，人心变得浮躁异常。各种成功神话，各种经济泡沫也适时而起，装点着这个看似已经是“群魔乱舞”的混乱世界。

在这个以速度取胜的世界中，耐心好像早已不合时宜。大家都在争先恐后，谁还有耐心来一步一个脚印地迈向成功的顶峰呢。是的，速度是具有优势的。谁的速度快，谁就可以抢得先机；谁的速度快，谁就可以尽早享受生活的回馈。但是，我们也会经常发现，在攀登成功顶峰的过程中，前面不时有人从我们身边滚落下去。这又是为何呢？我想，还是因为速度吧。速度，一方面加快了自己的脚步，一方面掏空了脚步下面的支撑。当有一天，你为了提速而一步踏空时，跌落则是必然的结果了。

万丈高楼平地起。试看那些在事业中屹立不倒的人物，他们哪一个不是一步一个脚印地夯实自己脚下的地基。在通往成功的道路上，这些取得成功的人物追求的不是速度，而是效率。即使你速度再快，如果在抵达峰顶的那一瞬间跌落下来，那么你做的一切也都只是无用功而已。夯实自己的基础，一步一步地走来，看似发展的速度慢一些，但却可以产生意想不到的高效率。

汤姆在32岁时就成为一家大型汽车公司的高级总监，这让很多人都惊讶不已。因为，在他人的眼里，高级总监这个职位至少需要一个人为之奋斗20年，而汤姆却用了不到一半的时间就得到了这个职位。那么，汤姆是如何得到的呢？

汤姆在24岁时进入了这家汽车公司。刚开始工作时，他就对这家公司的全部工作流程做了一个全面的了解。他知道一部车从零件到装配出厂，基本上需要经过12个部门的合作，而每一个部门都负责掌管其中的一项工作。

汤姆知道，要想在汽车行业拥有一个广阔的发展空间，自己必须对其中的每一道工序都了如指掌。于是，汤姆主动要求从最基层的杂工做起。因为杂工主要处理零星的工作，所以汤姆得到了与各个部门合作的机会，也因此对各个部门的工作性质有了初步的了解。

在经过了一段长时间的杂工锻炼后，汤姆先后申请到汽车的椅垫部、焊接部、喷漆部、车床部、装配部工作。不到5年的时间里，汤姆几乎把各部门的工作都做了一遍。

汤姆的父亲十分不理解儿子的行为，他质问道："你工作都已经5年了，为什么总是做这些基础性的工作？难道你不觉得这5年的时间都被自己荒废了吗？你应该为你的前途想想，赶快找一个高级点的工作。"

汤姆笑着回答说："爸爸，我的目标不是做一个部门的小领导。我要做的是管理整个公司，所以我必须对每个部门都有深入的了解。我是在为我的前程打基础，这需要不少时间，但是最终都将是值得的。”

就这样，汤姆根据自己的规划，一步一步地朝着自己的目标迈进。由于汤姆对各个部门的情况都有所了解，最终他如愿以偿地得到了总监的职位，而且还是在自己很年轻的时候。

汤姆懂得，如果要爬上高峰，就要一步一步地夯实脚下攀爬的土地。这是一段艰苦的过程，更是一段需要耐心的过程。如果你没有足够的耐心，那么你很可能中途便会放弃这条通往成功的捷径。

没有一蹴而就就可以到达的目的地。我们必须要有十足的耐心，能够忍受住一路的寂寞，能够抵挡住一路的诱惑。当我们到达终点，回顾自己的经历时，我们就会发现这一路的际遇是如此的宝贵，它们已经成为了我们生命中最值得炫耀的财富。

不要太性急，放慢你就能幸福

现在，你是否拼命冲向未来？你是否在工作中忙碌不堪？你的生活，是不是只有快，快，快！如果是这样的话你就应该放慢脚步停下来调整了。这时你或许会说现在的生活节奏如此之快，哪里还有时间放慢脚步呢？。生活就像鞭子一样抽打着自己不断向前，没办法慢下来。这样的日子活得真是太累了，我们生活在这样的节奏下，失去了对生活的热爱、激情和享受，对周围的一切丧失了新鲜、好奇、体会与感动，生活的细节已被完全地忽视。所以，不要说你不快乐，只能说你生活的节奏太快，放慢，你就会幸福。

有时候，放弃忙忙碌碌的生活哲学，过一种放慢步调的生活，所带来的回报，也许比任何东西都能让一个人幸福。太过忙碌的人，永远只会被生活所累，享受不到生活细节。所以，慢下来，能细心欣赏鲜花的盛开，能沉醉于微风的清凉，能细想人生况味，享受生活之美！

从前有一对父子耕作一块土地，然后在土地上种满蔬菜，等到丰收的季节他们就会把蔬菜装满那辆老旧的牛车，运到附近的城市去卖。有一天早晨，他们套上了牛车，车上装满了蔬菜向附近的城市出发了。儿子心想如果走得快一点，第二天清早便可到达市场。这样的话就能够多卖些钱。于是就用棍子不停地催赶着牛车，要牛跑快些。

“放轻松点，儿子，这样你会活得久一些。”老人说。

儿子反驳道：“可是我们如果比别人先到市场我们就可以多赚一点钱，还有机会卖个好价钱。”

父亲什么话也没有说就将帽子拉下来遮住双眼，在座位上睡着了。年轻人看到之后非常的不高兴，愈发催促牛车走快些，固执地不愿放慢速度。他们走了四里路，来到一间小屋前面，父亲醒来，微笑着说：“这是你叔叔家，我们进去打声招呼。”

“可是我们已经慢了一个小时。”着急的儿子说。

“慢几分钟也没有什么的，我弟弟虽然和我离得非常近，但是却很少有机会见面。”父亲慢慢地回答。

儿子生气地等待着，直到两位老人慢慢地聊足了一个小时，才再次起程，这次轮到老人驾驶牛车。走到一个岔路口，父亲把牛车赶到右边的路上。

“左边的路近些。”儿子说。

“我知道，”老人回答，“但这边的路景色好多了。”

“你一点也不在乎时间？”年轻人不耐烦地说。

“噢，我当然在乎，所以我喜欢看美丽的风景，尽情享受每一刻。”

他们穿过了美丽的牧草地，经过了一条发出淙淙声的河流，但是这一切的美景年轻人都没有看到，在他的心中只有焦急，他甚至没注意到当天的日落有多美。

黄昏时分，他们来到一个宽广多彩的大花园，老人闻着芳香的气味，听到小河的流水声，把牛车停下来。“我们在此过夜好了。”他说。

儿子生气地说：“以后再也不会和你一起出行了，你对这些毫无价值的东西比对赚钱更有兴趣！”

“它们并不是没有价值的东西，它们反倒很有价值，因为这是大自然赋予我们的最好的礼物。”老人微笑着说。

天不亮，儿子便摇醒父亲，他们马上动身。大约走了一里地，遇到一位素未谋面的陌生人，正力图把牛车从沟里拉上来。

“我们去帮他一把。”老人低声说。

儿子勃然大怒地说道：“你想失去更多的时间？”

“放轻松些，孩子，有一天你也可能掉进沟里。我们要帮助有所需要的人——不要忘记。”

儿子生气地扭头看向一边。

把那辆牛车拉回到路上时，已是早晨八点钟了，突然，天上闪出一道强光，接下来似乎是打雷的声音。群山后面的天空变成一片黑暗。

“看来城里在下大雨。”老人说。

儿子大发牢骚：“如果你要是听我的，现在我们或许已经将货卖完了。”

“放轻松些……这样你会活得更久，你会更能享受人生。”仁慈的老人劝告道。

到了下午他们才走到能俯视城市的山上。站在那里，看了好长一段时间，二人一言不发。终于，年轻人把手搭在老人肩膀上说：“爸爸我明白你的意思了。”

于是，他把牛车掉转头，离开了那个叫广岛的城市。

在人生路上，有许多事情值得我们去做，但是也有许多的风景值得我们去看。可是，有很多人为了急于做事，而把美丽的风景忽略了。即使事情做成功了，你也会失去了很多，甚至是失去生命。

只有慢慢地品味才能够感受到幸福的真谛，如果太快的话会让人来不及享受幸福。我们不妨换一种生活方式，放弃过去匆忙的日子。试着放慢语速，让温柔的细语萦绕在耳际；试着放慢咀嚼，让食物的香甜在口中久留；试着放慢脚步，让路边的美景映入你的眼帘……让自己这个上了发条的机器放慢脚步，慢慢地享受生活赠予的一切。让自己减速，让自己放慢，用心去体味生活，去感受人生的精彩之美。

珍惜血肉之躯，不要让身心过于劳累

很多没有成功的人在年轻时的生活模式几乎一样，总是一味地放纵自己。他们没有安排时间的概念；他们总是懒洋洋地，只凭本能和感觉生活。他们想做什么就做什么，过得随心所欲、浑浑噩噩，肆意挥霍大把大把的时间。他们根本没有意识到：要留一点属于自己的时间，与自我的心灵对话，看清自己，认识自我，扩大自我的生活空间，重塑自己的生命力。

18 世纪法国最杰出的启蒙思想家卢梭曾告诫世人："我在世间就这样孓然一身。没有兄弟，没有邻居，没有朋友，没有社交圈子。我跟人之间的一切联系都被粗暴地斩断了。我脱离了一切，我自己又成了怎样一个人了呢？这就有待于我去探索了。要进行这样的探索，我就不得不对自己的处境先做一番回顾：我必须通过这番思索，才能重新认识自己。"

卢梭是多么珍惜与自我心灵对话的机会啊！因为他亲身体验了这样做对人生的重要性。他之所以成为了"前无古人，后无来者"的伟大启蒙思想家，正是由于他学会了如何与自我心灵对话。就有许多伟大的宗教领袖经常选择远离人群，留给自己一定的时间和空间，与自我心灵对话。一段时间之后，他们会把与自我心灵对话后所得到的各种启示与众人分享。正是由于他们深刻而持久地与自我心灵交流，他们才能无限扩展自己的生存空间，才能获得更高的精神境界，从而成为了人类精神的伟大领袖。

你也许会说，他们都是些伟人，他们需要大彻大悟，而你只是常人，不需要与自我心灵对话。如果你有这种想法那就是大错特错，生活中每一个有健全的思维和情感的人，就应该与自我心灵对话。

世界太大，而我们是如此的渺小。在这有限而又短促的生命中，需要我们承受的事情太多，这些事情压在我们脆弱的心灵之上，心灵如何承受啊？在生活中，我们感知周围的事物，形成自己的观点，做出相应的评价，这所有的一切都是通过我们的心灵世界来完成的。我们每天都在忙忙碌碌，有时连自己忙些什么都搞不清楚，有多少是必须做的，又有多少是无聊琐事呢？每天留一点时间给自己吧，释放自己的心灵，看清自己，什么是自己最想做的，必须做的。

闻名于世的美国成人教育大师戴尔·卡耐基，他潜心研究心理学知识，对人类的心理特征进行深入的探索和分析，他把演讲、推销、励志、智力开发融为一体，从而开创和发展了一种独特的成人教育方式。国际卡耐基成人教育机构及其分支机构多达1700余个，可谓遍布全世界。接受这种教育的，不仅有名星巨贾，各界领袖，也有军政要人，内阁成员，甚至还有几位总统，人数多达几千万，影响了几代人。卡耐基曾意味深长地说："我的成功其实很简单，我经常留一些时间与自我心灵对话。不过，我留的时间要比别人多许多。永远要记住。你的心灵就是你一生的宝藏，你要不断地挖掘它。你如果忽视了自我心灵，这世上，还有什么不可以忽视的呢？"

卡耐基成人教育有一个重要的核心，就是让人要珍视自我的心灵。他所著的《积极的人生》《人性的优点》《快乐的人生》从不同角度反复强调了这一点。

戴尔·卡耐基于1888年11月24日出生于美国密苏里州一个贫穷的农家。他的父亲是个勤勉而悲观的人，他的母亲则是一个快乐的人。卡耐基的童年跟普通的男孩子没有两样，每天帮助家里做些杂事；有时还要到地里捡草莓，割野草。要说卡耐基的童年有所不同，那就是他受到的最大影响来自于他的母亲。母亲一直鼓励他读书，希望他有所作为。

但是，由于家庭贫寒，年轻的卡耐基不得不为受教育而付出更多的努力。卡耐基在密苏里州华伦斯堡州立师范学院读书时，他是全校中极少数不住在市镇的学生之一。在家里，他要帮助父母干杂事；在学校，他上课，做作业，还参加学校的各项活动。就在这种紧张的学习和生活中，卡耐基每天都会在忙碌的生活中硬挤出一点时间，这样他就留下了属于自己的时间，与自我心灵对话。他称此为“马上时间”。因为他交不起学校的生活费，只能住在家里，每天骑马去上学。卡耐基后来回忆起他的那一段“马上时间”时，不无感慨地说：“在当时那种忙碌的生活环境中，如果我没有那些‘马上时间’与自我心灵对话，我早被繁重的生活压垮了。我忘不了一个人骑马走在上学的途中，脑中想着与自我有关的事情，正是有了那段一生难忘的‘马上时间’，我才成了现在的卡耐基。”

戴尔·卡耐基一直强调这样一种观点：即一个人事业上的成功，只有15%是由于他的专业技术，另外的85%要靠自我心灵、人际关系、处世技巧。

与自我心灵对话，不仅是简单的自我心灵回归。要深刻地理解并学会这一本领，从而扩大心灵生存的空间。当你心灵的生存空间扩大了，你会惊讶地发现：这就是真正的自我，一个全新的自我。请相信：心有多大，舞台就有多大。一个全新的你会带给你一个全新的人生。

漂亮是一个陷阱，不要累死累活求完美

希望自己的形象变得完美一点，希望自己做的事完美一点，将完美作为自己努力方向，这当然很好。但也有很多人不仅仅是在追求完美，而是处处苛求完美，将其当成了自己一生的终极追求，以至掉进了这个

漂亮的陷阱，随之而来的是心情焦虑、紧张、孤独，精神备受折磨。

程菲是我国女子竞技体操名将，她的跳马技术，堪称当今女子跳马最高水平。2005 年墨尔本世锦赛上，程菲不负众望，凭借她的高水平发挥，不仅夺得中国首个女子跳马世界冠军，她的新动作还被国际体坛命名为“程菲跳”。但是在 2008 年北京奥运会女子竞技体操决赛场上，当人们认为这块金牌非她莫属时，在她第二跳的时候她却跪在了地上，这是她第一次在最拿手的动作上翻船。在接下来的第二个项目自由体操上，程菲又摔在了垫子上。

如果她后来的自由体操失手是因为她还未走出上一个项目失败的阴影，思想上有包袱，失败情有可原。那么第一次失手就是因为她过于追求完美的结果。因为太过于追求完美想要把自己最高的水平展现给全世界的观众，反而适得其反。如果她在稳中求胜，程菲跳“程菲跳”何至于失败？

追求完美本身是好事，这是值得提倡的，因为只有这样才能够不断地挑战自我，特别是在如此激烈的赛场上，如果你不进步，就意味着被淘汰。但是，凡事都有一个度，过于热衷于完美，就会与自己的初衷脱节。

哲人说：“完美本是毒。”生活中，如果什么事情都要追求完美是一件非常痛苦的事！世界上总是有很多人坚持完美主义，他们对那个永远不可能实现的目标孜孜不倦，表面上他们非常勤奋和努力，实际上，他们是在浪费时间。

从前，有一位雕刻家就是一位完美主义者，他所追求的目标就是他所雕刻的雕像要令人无法区分哪个是真人，哪个是雕像。

一天，死亡之神告诉雕刻家他的死亡时刻即将来临。雕刻家感到非常伤心，于是他就想到了一个方法，他做了 11 个自己的雕像。当死神来敲门时他屏住了呼吸，藏在了那 11 个雕像之间。

死神感到困惑，他看到了12个一模一样的人，从没听说过上帝会创造出两个完全一样的人，这个世界上每个人都是唯一的。死神无法确定自己究竟该带走哪一个？他只能带走一个……死神无法做决定。带着困惑，他回去了，他问上帝："你到底做了什么？居然会有12个一模一样的人，而我要带回来的只有一个，我该如何选择？"

上帝微笑地把死神叫到身旁，在死神耳旁轻声说了一句话。

死神问："真的有用吗？"

"别担心，你试了就知道。"上帝说，

于是死神又来到了雕刻家的家中，往四周看了看，说："先生，一切都非常的完美，只是我发现这里还有一点瑕疵。"

这个追求完美的雕刻家完全忘记了自己此刻的处境，立即跳了出来问："什么瑕疵？"

"哈哈，我终于抓到你了，你无法忘记你自己，天堂都没有完美的东西，何况人间——这就是瑕疵。走吧，你的死亡时刻已经到了！"死神笑着说。

19世纪法国诗人穆塞特曾写下这样一段话："完美根本就不存在，了解这句话的人就等于了解人性智能的极致，期待拥有完美是人类最疯狂的危险之举。"上天是不公平的，它赐予每个人以使人羡慕乃至嫉妒的美德，同时也赐予使人抱憾、同情、扼腕等的种种缺陷。是啊，天堂都没有完美的东西，何况人间？"上天是公平的，它赐予每个人以生命与死亡。"

你是不是也像这个雕刻家一样什么事情都希望做到完美。你是不是会因为鼻子上有一块不用放大镜就看不到的斑点而不敢照镜子，甚至要去整容？你是不是在等待一个完美的爱人？你是不是一心要找个待遇好、地位高，又很轻松的单位上班？你是不是一直渴望交一个没有任何缺点的朋友？你是不是在比赛的时候，一定要赢，否则就不参加比赛？别做梦了，你只是在浪费你的时间。

好好享受自己的兴趣

兴趣或许是除了工作之外，人们投入时间最多的事情。对于大多数人来说，工作是为了生存，而兴趣则完全是生活中最重要的一项休闲活动。兴趣最重要的一个特质就是，它可以使人们深深地沉浸其中，而不知疲倦，也即乐此不疲。在兴趣中，人们不仅乐于以极大的热情来愉悦自己，而且还愿意以极大的精力来发展自己的能力。正所谓，兴趣是人们最好的老师。然而，兴趣给人们带来的并不仅仅是这些，它还可以建立人与人之间的人际关系，促进人们多方面地了解自己的能力，培养人们坚强的意志，加强人们团队协作的观念。因此，我们必须为自己的兴趣规划出足够的时间，使自己充分享受兴趣所给我们带来的种种利益。

人们的兴趣多种多样，而运动无疑是最普遍、最受喜爱的一种休闲方式。对于人们来说，运动不仅可以放松身心，强健体魄，还可以培养公平、公正、顽强拼搏等竞技体育的精神。在学生时代，我们有充足的时间来发展自己运动方面的兴趣。可是，一旦参加工作，很多人都会选择大量缩减自己运动的时间，以便把主要的精力放在工作上。这种选择无可厚非，但是在做出这样的决定时，我们需要注意的是平衡原则，即我们需要平衡工作与运动之间的时间，我们需要为运动留下相对充足的时间。

然而，人们调查发现，在现实生活中，由于种种原因而放弃运动时间的人不可胜数。他们总是以工作繁忙为理由来推脱，以至于很多人一个月甚至更长时间都放弃了自己的运动兴趣。当问及他们的感受时，他们往往这样回答："我也不想这样，可是工作太多了。我也想抽出一些时间来做些自己感兴趣的运动，可有时候又觉得太累。总是希望等轻松的时候再去做，但是好像总是有其他事情打乱自己的计划。想起这些，心里也总是会觉得很后悔。但是，没有办法，或许等退休后自己再好好玩一玩吧。”

很多人都有这样的想法。“等有空闲时间”“等退休之后”……这些托辞一次一次地为我们的拖沓辩解。结果，我们会发现，我们始终没有时间来享受自己的兴趣。那么，我们该怎么来好好地享受自己的兴趣呢？首先，如果找到自己感兴趣的运动，应该毫不犹豫地开始行动，而不要以工作繁忙为借口。其次，不要抱有退休之后发展自己兴趣的心态。因为，很多人在退休之后，身体状况已经不再允许他们发展自己的运动兴趣了。所以，对于感兴趣的运动，我们要及时地、长期地将其坚持下去。因为，兴趣不仅仅只是一种休闲的方式，它还是自我认知的一种有效方式。在兴趣中，你会发现不同于工作中的自己，进而，你会对生命的多样性有更丰富的认识。这种认识如果延伸到生活领域，你就会发现生活本身的丰富多彩，从而会以更加博大宽容的心境来应对世间万物。

一般认为，运动只是年轻人的专利，其实这样的想法完全是片面的。如果你始终保持着对运动的兴趣与热情，那么无论年纪多大，你都可以发挥自己的运动天赋。

65岁时，索尼的创始人盛田昭夫开始挑战滑雪运动。在滑雪的季节，他每个星期都会抽出时间去安比与旭川等地的滑雪场。在这样的年纪从事滑雪运动是需要勇气的。为了不至于使自己后退，盛田昭夫邀请自己公司的年轻女员工一起去。在她们面前，盛田昭夫一边默默地喊着“勇气、勇气”，一边勇敢地冲下倾斜的陡坡。在这样大的年纪，从事如此危险的体育项目，使盛田昭夫内心充满了挑战自我的欲望。于是，在他67岁那年，他开始从事潜水运动，并取得了潜水执照。

对于耆老之年的盛田昭夫来说，滑雪和潜水无疑是具有挑战性的。也正是如此，盛田昭夫不仅从运动中获得了无限的乐趣，也为自己的传奇一生抹下了一笔重彩。在此，我们要了解的是，盛田昭夫并不同于之前讲过的那种人——以“退休之后再从事自己感兴趣的运动”为托辞的人。在有生之年，盛田昭夫一直在从事各种各样的运动。而这也是他为什么在六十几岁还能挑战滑雪和潜水的原因。

运动只是人们众多兴趣中最为普遍的一种。但是，从人们对待运动的态度中，我们可以窥测到人们对待自己的兴趣普遍持有的态度。在大多数人的生活中，兴趣往往退居次要的位置，以至于在需要时间时，人们往往会牺牲掉发展自己兴趣的时间。然而，兴趣的缺失无疑是生活中的一大遗憾，因为人们从来都不是仅仅通过工作来发展自己的能力的。人的发展，是一种全面发展的过程，而兴趣则在其中起着比工作更重要的作用。因为，兴趣是人们内在喜好的一种外在表现，它使人们通过自己感兴趣的事物来了解自己的内心。如果我们不能充分地发展、享受自己的兴趣，那么我们在健全自己的心理机制方面必定是不成熟的、不全面的。而一个片面发展的人，也必定是一个不能称之为成功者的人。

停下来，倾听内心的声音

世界是光怪陆离的，欲望也是多种多样的，然而人们却可以从这纷繁复杂的世界中发现自己真正想要的东西。为什么？因为人的内心从不会欺骗它的主人，即使它有时会变幻出神秘莫测的外衣加以遮掩，但也会在不经意间露出自己的马脚。内心总是会不断重复着自己的渴望，这种渴望强烈而又执着，它会经常蹦入你的意识之中，骚扰你的思绪，让你时刻感受到它的存在。所以，认真地倾听内心的声音，你将会发现自己真正想要的。

埃德温·巴尼斯就是在内心的召唤下，最终成为了发明家爱迪生的合作伙伴。

当埃德温·巴尼斯发现自己内心产生了一个强烈的愿望——成为伟大的发明家爱迪生的商业伙伴时，他并没有为自己这个不切实际的愿望而吓倒。他决定跟随自己的内心，找到爱迪生，向他表达自己的这个愿望。

首先，他克服了自己面对的第一个困难——没有足够的钱购买一张去新泽西州的火车票。之后，他便想方设法来到爱迪生的实验室中，向爱迪生表达了自己希望成为爱迪生合作伙伴的愿望。

然而，在第一次会面中，巴尼斯并没有说服爱迪生。爱迪生只是给了他一个在实验室工作的机会，而且薪水非常低廉。这让巴尼斯感到十分沮丧，但是，他仍没有背叛自己的内心。他对自己说："不管怎么说，这都是个良好的开端。我已经有机会接近爱迪生了，想当初我们都不知道彼此。我来到这儿就是为了成为爱迪生的伙伴，虽然现在我只是为他工作，但是为了自己的目标，我绝不会放弃。"

几个月过去了，巴尼斯的心愿仍然没有获得任何可以实现的机会。虽然如此，但是巴尼斯的内心却一直没有放弃，一直在强化着自己最初的愿望。

机会终于到来了。当时，爱迪生发明了一种名叫"爱迪生口授机"的新型办公用具，然而对于这项发明成果，爱迪生的销售人员并没有表现出太多的热情，他们不相信这个奇怪的机器具有良好的市场前景。巴尼斯敏锐地发现了这个机会。他立刻向爱迪生提出请求——让他负责这部机器的销售工作。当获得爱迪生的同意之后，巴尼斯立刻开始了自己的销售工作。结果，机器销售情况十分良好。于是，爱迪生又与巴尼斯签订了一份新的合约，委托他负责自己发明的全国销售工作。

就这样，巴尼斯终于实现了自己成为爱迪生商业伙伴的愿望。

正是由于对自己的内心需求有一个明确的认知，巴尼斯才可以锲而不舍地向着自己的愿望进发，并最终实现了自己的愿望。几年后，爱迪生回忆起自己与巴尼斯的初次会面时，曾这样说道："他站在我的实验室里，从他的外表来看，他就像是一个无业游民，但是他脸上坚毅的表情让我感觉到，他是决心要成为我的合作伙伴的。因此，在那个时候，我就认为他一定可以得到自己想要的东西。结果，事情的发展也印证了我当初的判断。”

当得到为爱迪生工作的机会时，巴尼斯并没有因此而满足。因为，他知道自己的内心是要求自己成为爱迪生的合作伙伴，而不是成为爱迪生的下属。在内心欲望的不断显现中，巴尼斯从未更改自己的计划。是的，当一个人能够倾听自己的内心，并不打折扣地去追求时，他总是能够获得自己想要的东西。世间很多人之所以没有得到自己想要的东西，正是因为他们或者对自己的内心呼唤无动于衷，或者在实现追求的过程中逐渐改变了自己的初衷。

好好问问自己，到底什么是你人生中真正想要得到的？你希望有个美满的婚姻吗？你希望得到孩子们的尊敬吗？你希望拥有很多的财富、漂亮的汽车、成功的事业和豪华的别墅吗？你希望能到世界各地去旅行，亲眼看看各种名胜古迹吗？你希望成为受万人瞩目和欢迎的摇滚歌手吗？你希望成为发明时空机的先驱吗？你希望成为德蕾莎修女服务团里的一员，去救助贫苦、饥饿的人们吗？亦或是成为世界上重要的环保人士？

认真地倾听自己的内心吧。只有明确了自己真正想要的东西，我们才能够摆脱种种羁绊，将自己的精力投入到能够使自己的内心得到平静的领域之中。

做好日程安排，营造有序的当下

你是否经常有这样的感慨：每天自己都忙得不可开交，但是却不知道忙碌的意义何在，不明白所做的事情对自己的人生目标有多大的帮助。我想，可能很多人都有过或正在发出这样的抱怨。

大部分人每天的活动内容都是由当前正在处理但还没有完成的工作决定。有些时候，这些工作是常规性质的。有些时候，这些工作则是意外派给你的。不论是怎样的工作，总之它们占去了你大部分的时间，使你想做的事情无法按时去做，因此也影响了自己的心情。除了工作，你每天还要处理一些必须要去做的事情。比如，吃饭、穿衣、交通、交际等，而这些活动也需要一些必不可少的时间。于是，留给你的自由时间就更少了。

必要的活动、常规的工作、意外的情况几乎侵占了人们全部的时间。对于大多数人来说，他们总是纠缠于这些烦人的事务当中，永远也不可能为自己规划出足够的时间来实现自己的人生梦想。

其实，这种看似忙忙碌碌，却平庸无为的生活是完全可以得到改善的。要提升自己的生活质量与效率，我们必须首先辨认出何种活动严重浪费了我们的时间，并马上停止这些活动为自己争取出更多的时间。也就是说，对于那些苦于没有时间去实现自己人生目标的人，最重要的是懂得规划自己的时间，做出合理的日程安排。

合理地规划自己的时间并不困难。首先，应该规划出一定的时间来进行日程的规划。无论生活、工作有多么繁忙，都要找出这样的一段时间，因为这关系着日程安排的成败。如果你不去进行规划，那么你很难抽出时间去做自己真正想做的事情。可能你会觉得日程安排本身就是一种浪费时间的行为，但是事实证明，提前的规划确实可以为你节约出更多的时间。

其实，花费在日程安排上的时间并不要求很多，仅仅需要十几分钟，完全可以利用起床之后或者睡觉之前的这段时间来完成。通常情况下，人们在早晨起床后都有一个清醒的头脑。这时，对自己的任务也会有一个比较清楚的认识。在这种情况下，进行日程的安排，可以使我们正确分辨出事务的轻重缓急，从而制定出合理的时间规划。而在睡觉之前进行日程的安排也有一定的合理性。此时，我们对自己当天遗留下来的任务十分了解，因此可以更有选择性地安排第二天的工作。当第二天的事情安排妥当之后，我们便不会再浪费时间去思考第二天该去做什么，不该去做什么了。而且，在睡觉之前进行日程安排还有一个优势，那就是在睡梦中，我们的潜意识会帮助我们寻找解决第二天工作的方案，从而使自己第二天的工作更有效率。

对于日程安排，我们必须要有一个清楚的认识：日程安排并不是为了使我们轻松地完成那些琐碎的，对我们没有实际帮助的工作，而是要为我们的重要目标规划出必要的时间。我们的全部的时间规划都要围绕着自己的人生目标来设计。在制定一天、一周乃至一个月的日程安排时，我们都要把自己的人生目标放在首位，并为其安排出足够的时间。不论我们的工作有多忙，我们都要安排出这些时间来为自己的人生目标服务。

如何选择时间，对于日程安排来说，也是一个要引起重视的问题。每个人都有自己的生物钟，因此每个人的时间兴奋点都不一样。我们必须将自己最兴奋的时间段留给自己的人生目标，因为这个时间段是人的思维最活跃、注意力最集中、创造力最旺盛的时刻，因此也是最容易获得成果的时刻。认真地去观察一下自己的生物钟，了解一下自己的兴奋时段，并把自己认为最重要的事情放在这个时段来完成。对于事务，我们要弄清楚轻重缓急。对于时间，我们也同样要弄清楚自己最高效的时段。只有两者完美结合，我们才能把最有效的精力投入到最重要的事情之中，才能以最快的速度实现自己的人生目标。

最后，对于日程，我们千万不能安排过满。首先，过满的日程安排会使我们内心产生焦虑的情绪，会让自己觉得自己是被时间牵着鼻子在走，不利于充分发挥出自己的精神力量。其次，过满的日程安排会使自己没有回旋的余地。因为意外的情况总是会不请自来，所以我们必须未雨绸缪，使自己在处理事情时有一个回旋的余地。